我愛故我在

陶晶瑩

contents

PART 2。W's Stories

PART 3。M's Stories

PART 4。They

序。愛最大

愛情是什麼？愛能永遠嗎？愛如果變質了，又或者，它一定會變質，該怎麼辦？

你可以說，人類的文明、進步、改變，是因為生活的需要而產生；但仔細想想，人類的一切需要，不都是因為愛和被愛而衍生的。

所以，愛最大。

多少流行歌手排斥一直唱小情小愛的歌，偉大的創作家也不太願意只侷限於愛與不愛的題材；好像只說愛唱愛談論愛，自己便渺小了，窄了，不夠大器了。

這是很奇怪的一件事。

我們總想表現得蠻不在乎，尤其對於那最在乎的事。

所以我們仍對於自然地說出我愛你不夠熟練；對於撫摸愛人的身體太過羞澀；對於大膽說出心裡的感覺有障礙；所以，我們總是繞著圈、拐著彎，希望能愛與被愛卻又不失冷漠的姿態，所以，很多的扭曲壓抑便產生，阻擋在我們、與愛之間。

人生苦短，你想蹉跎等待，還是大步地走向前去，痛快地說：我．要．愛？

前言

愛的辯論

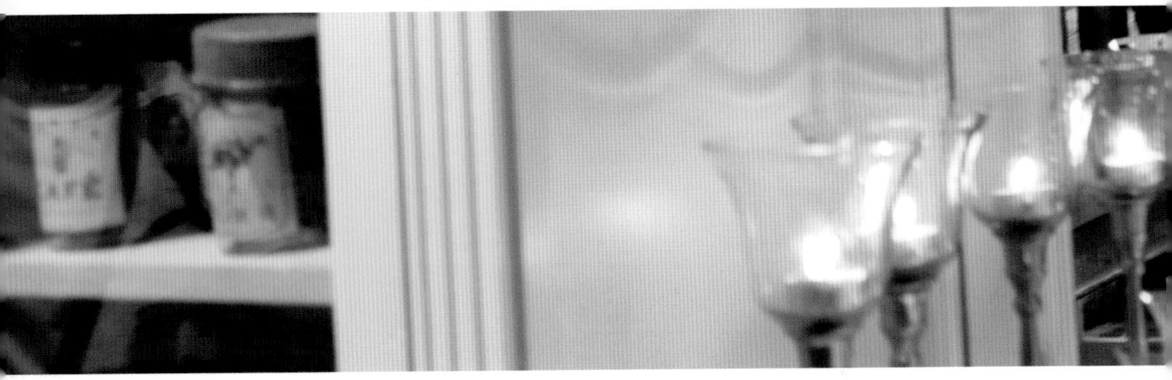

愛的形象

Image of Love

大部分的例子裡，大部分的人們，對愛的印象，其實大部分都是不眞實的。

我的意思是說，人們愛上的並不是對象本身，而是愛上他們自己對對象本身所產生的想像。

就是你看見一個薩克斯風樂手在演奏，突然，你覺得你愛上他了……問你爲什麼？你超開心地回答：「他好帥！嘴巴好靈活……他一定是個很浪漫的男人……我想看他在我房間吹奏的樣子……他應該喜歡喝點小酒而且……抽雪茄?!太帥了……」

其實，這整段敘述只有那個「我想看他在我房間吹奏的樣子」是以祈求句的許願方式陳述，故爲主觀亦無差。但其他所有的敘述，其實都是你那「想當然耳」的不客觀邏輯自己構想出來的。

例一，他一定是個很浪漫的男人。這便是自己往好的、非常正面的地方去聯想。

因爲，很多我認識的樂手老師其實累到沒辦法顧慮生活情趣，有時更爲生活奔波，哪有閒情逸致來浪漫？

例二，他應該喜歡喝點小酒……抽雪茄？這一整段都有問題。從哪裡判斷這位樂手喝酒、抽雪茄？全是自己的想像。

有沒有可能這位樂手對菸過敏，無不良嗜好，而且吃素還過著節能減碳的生活？

所以，當我們愛上某人的形象（image）時，我們愛上的，其實是我們自己突然被荷爾蒙籠罩而發浪之大腦不受控症候群（N2mKSSH），翻作台語便是恁奈不去死死好症候群。

而這可怕的N2MKSSH Syndrome，短則數月，長則幾年，都會不斷干擾正常大腦的運作，突然使之當機，而後產生各種幻覺來自我催眠並深信不移。要能從這症狀中好轉醒來，承認自己愛上的並不是當初「看見」他的那樣，實在需要健康的體魄、自知的勇氣和一點點機緣。

如此一來，所有的愛情都是盲目的？莎士比亞說對了！

所以爲什麼相愛容易相處難！所以爲什麼兩人在一起久了一定會情淡，都有了答案。

因爲，我們花了很多時間和精神去愛一個根本不是我們想像的人；日後驚醒、掀開面紗一看，說不定，還正是我們最討厭的類型？難怪很多夫妻到最後會想殺了對方。

但戀愛的最美便是那初期曖昧不明時，一切都未知、一切都朦朧、有點故作鎮定，卻又興奮難耐，整夜讓自己睡不著的，不是眞正的他的一切，而是那副因荷爾蒙強烈暈染的對他的想像。

所以，我們都愛上幻想、愛上猜測，愛上那個不眞實的他。

原來，這就是愛的印象。就像王子愛上的，是那個趴在海邊大岩石旁楚楚可憐女人的形象，而不是人魚公主本身——好悲哀！誰趴在那裡誰就贏得王子！人魚公主，妳想太多了……

那麼，愛原來是那麼可笑、荒謬甚至精神錯亂不可理喻的行爲？

或許，我們仍然有些能維持這場愛情的理性說法；比如說，他微笑的樣子很可愛、她身上的氣味很好聞、我們倆喜歡同樣的作家、他也喜歡Bali……等。

所以，別沮喪，愛上對方仍有些理性的原因。只是，比例較少。

愛不需要太理智，愛需要瘋狂的失控，只是，後果請自行承擔。

愛的時機

Timing of Love

我和老公的相遇、相戀，其實眞要拜我們前一任男、女友之賜。

因爲在同一時間，他的前女友和我的前男友正強烈劈腿、見異思遷中。被傷害的我們兩人因爲失戀，有一種同是天涯淪落人的相惜，再加上媒人心湄覺得我們兩人實在太像、不撮合很可惜，於是便大敲邊鼓、促成了我們。

我們自己聊過，如果不是一個那麼恰好的時機，我們永遠也不會碰見對方，也不會因爲失戀而頻頻往海邊跑，心裡也不會空出一個位子——如果早了一點，我們都還各自有男女朋友；如果晚了一點，或許傷已療癒，重心已偏往工作或其它，也不見得有時間留給對方；所以，就是那麼巧，就在那段日子裡，我們恢復了單身，然後，遇見了對方。

中國人稱它作緣分，我覺得，這就是愛的時機（timing of love）。

兩個應該相愛、相稱的人，就算星座血型生肖八字都合得不得了，但若沒有在對的時機相遇，未必能產生一段好的戀情。

有一對剛在蜜月期的情侶，男方突然接到國外學校的入學通知，不得已離開了，才飛去兩週，他便決定要分手，他自己很痛苦，女方更是哭得死去活來，發誓一輩子都不會原諒他——一對相愛的人何苦淪落至此，全是因爲碰上了不好的時機。

男生因爲家裡不富裕，必須克勤克儉；再加上初到異地壓力大，根本無暇顧及千里之外的女友，於是只好慧劍斬情絲。女生爲了浪漫的理由說她願意等，卻打動不了男生；因爲，她不是那個面對環境丕變而每天戰戰兢兢的人，所以無從理解男生的突然冷漠。

唉，只能說，再對的兩個人，只要時機不對，一切也就喬不攏、白搭。

不過，成也時機，敗也時機。

有時候，時機太好了、太完美了，喧賓奪主的結果也可能造成對對怨偶。

男人離婚了，剛好遇見他大學時暗戀的女同學，兩人相談甚歡；男人更大膽地詢問女同學是否單身，誰知女同學仍小姑獨處，於是，男人怎能錯過這大好的時機？

三個月後，他們結婚了。一年後，他們離婚了。

男人事後回憶起來，其實，他對她並沒有眞正的了解；而她，在遇到男人的三個月裡，不斷地演著一個男人夢想的完美伴侶，卻在飯票得手後現出原形，讓男人生不如死；所以，最後他們還是離婚了。

男人說，若不是因爲在最孤單無助時碰見她，他應該也不會這麼衝動地想要有個人陪。

這麼說來，我們碰見好的時機，不要太高興，因爲，那有可能是個陷阱。

但如果我們能在對的時機遇見對的人，一定要好好謝謝神；因爲，祂沒有把我們尋尋覓覓的眞愛，變成別人的老婆或老公，阿門，阿彌陀佛。

愛的預兆

the Sign of Love

電影「西雅圖夜未眠」裡，女人們互相鼓勵去追求眞愛的一個很具說服力的觀點便是：「**It's the sign, can't you see?**」→「這個愛的預兆如此明顯，難道妳還看不出來嗎？」

在沒有科學實驗證明之前，我只能說，愛的預兆是一個非常主觀的穿鑿附會。

因爲妳暗戀一位帥哥，一直沒勇氣表白，然後妳突然從收音機聽到一首告白成功的歌，於是妳眼睛一亮地說：「**It's the sign!**」妳相信這是神在暗示妳，用一首歌給妳預兆，於是妳深信這是個好預兆，就去表白了。

姑且不論結果如何，這強烈的自我暗示，完全是自己給的；因爲自己想這麼做，所以硬湊一個理由逼自己去做，並因怕這麼做會失敗，所以將責任推給自己以外的人事物——可能是一個門牌號碼跟他的生日相同，妳便覺得他一直出現在妳周圍：**It's the sign**，叫我去愛他！事實上妳就是愛他，無關流行歌曲、無關門牌號碼、無關妳撿到他的健保卡、無關他愛喝拿鐵而妳正好也是。

因爲妳很愛他，所以任何事物都能聯想到他。而所謂身邊不斷出現的預兆（sign），不過是妳一廂情願地攀關係，好讓自己覺得跟他能更靠近。

說穿了，沒有sign，有的只是人們「爲愛新人強說緣」而已。

而大部分會相信這種說詞的，就是女人。這可能是女人們互相加油打氣的方式，也是女人們面對不確定的事物時，慣用訴諸怪力亂神的手法；所以，請別拆穿，就跟著一起瞎起鬨吧！

愛的紀錄

Record of Love

我們評斷一個人的條件有很多：他在哪上班、讀什麼學校、開什麼車、喝什麼酒、他的興趣外表星座……還有，他交什麼朋友。

常常，女人們私底下聊天，興奮地說著最近發現的新「對象」——就是那種她們會喜歡的菜，令她們垂涎的一塊肉。聊著聊著，重點來了，若那男人過去交往的對象是女人們認同的，那男人在她們心目中便加了不少分；若那男人過去的女友是女人們唾棄的，那麼，瞬間，那一分鐘前還是王子的男人，便成了女人們皺眉作嘔的臭遊民。

「妳知道那個Leon嗎？」三姑問，「怎麼忘得了？就是那個很像裘德洛加布萊德彼特還有金城武神秘氣息的帥哥啊！」六婆回答。

九妹接著說，「我知道我知道，妳是不是要說他最近恢復單身了？」

此話一出，眾女眷們莫不驚呼。「那麼，」六婆接話了，「大家都有機會囉？太棒了！Leon又帥又性感，屁股那麼圓，他又很會耍浪漫，聽說還很會做菜呢！」

女人們紛紛吵著誰最適合他，更大膽幻想著Leon在床上的模樣，聊著聊著，興奮到自己不斷撫摸胸口或是羞紅了臉。

此時，不知是誰放了冷箭：「可是，妳們不知道他的前女友是誰嗎？」嘈雜的菜市場突然有了幾秒的寧靜。

三姑喝了一口她的果汁，沒好氣地說，誰不知道？就是那個號稱萬人斬的淫娃！

多難聽！

九妹接著砍一刀：「對啊！她超誇張的，幾乎整個辦公室，哦，不，應該說，整棟辦公大樓裡只要有男性生殖器的，幾乎都和她睡過吧！哼！很髒！」

六婆翻了翻白眼，沒好氣地說，「Leon不知道是聾了瞎了還是被下蠱了，把那賤人捧在手心當公主，厚～，那女人一定是演技太好才能瞞天過海！」

一輪猛攻之後，女人們精疲力竭地嘆了口氣，臉上的熱情早已蕩然無存。

「妳們不覺得，會跟一個這樣的女人在一起這麼久的男人，也很有問題嗎？」九妹問。

女人們很不願意承認，但仔細一想，極有可能Leon是個極度封閉自大又盲目的人——既看不清自己女人的眞面目，又耽溺於假面天使俗麗的奉承；再往下想，除了「外表」和「聽說」，其他關起房門來的事，怕那才是Leon的黑暗面。

常常看到雙雙對對的情侶或夫妻，讓人大吃一驚的不在少數。吃驚的是性愛狂和草食男在一起，社交名媛心儀土台客，唱片宣傳嫁給了豬肉張。

因爲一個人的伴侶，我們更了解一個人。

當然，年輕時誰不錯愛幾個人，那些過去，也正好見證了或許輕狂、或許荒唐、或者徬徨無知、或者嚮往失控的一段歲月。

愛的紀錄，record of love，便因著不同愛人，記錄著我們不同年紀的情緒需求和判斷選擇。

愛的成分

Element of

綜合各流行歌曲的說法，愛是占有、懷疑、分享、溫暖、嫉妒、激情加親情，愛是你和我之類的。

而聖詩則說，愛是恆久忍耐又有恩慈，愛是不嫉妒、不自誇不張狂，不做害羞的事。不求自己的益處，不輕易發怒。

聖詩對愛的定義真偉大，也真難做到。

而從科學角度來看，人在戀愛時，大腦會產生腦內啡，會如毒品般令人開心狂喜、處於一段興奮難抑的處處春花開狀態。所以，在熱戀期，愛是毒品、是春藥、是百憂解，也是所有問題的解答。

待藥效一退，甘盡苦來，可能就是流行歌和聖詩齊唱的時候。

很多人會說教：愛不是占有、不容懷疑、不摻嫉妒、不輕易發怒；可是我們明明看到愛人間充滿了以上的各種情緒，然後又淚流滿面地說我愛你，結果又看到對方怒容滿面地說：「這不是愛！」

啊！好傷人！原來我愛你愛得這麼強烈、付出了這麼多，稍微占有嫉妒發怒一下，就不叫做愛了？

好吧！讓凡人們朝著高標邁進。讓我們看看那愛的烏托邦：每對愛侶都極度忍耐、不輕易發怒，不看愛人的MSN、不查手機、不過問他的私人交友，出差不報備、出遊不帶手機，不要爲管教孩子爭辯，爲家人不斷委屈自己成全大局，人人把自己擺在最後一位，不求自己的益處……超乏味的啦！

原來，眞愛的成分有如有機水果，酸澀粒小對身體好，但眞是苦了感官，超無趣的。

SKETCH

愛的質變

Deterioration of Love

曾經相愛的兩個人，因爲一些狗屁倒灶的事，可以變成多互相懷恨的仇人？

這個答案，相信可以從每天的新聞窺知一二。

離婚後互揭醜事，整之欲其死；有點錢的不惜對簿公堂，沒錢的自己用不理智的方法困住對方、撕裂對方、中傷甚至毀滅對方。

愛讓兩個人靠近，近得你泥中有我、我泥中有你，巴不得兩人是連體嬰；有一天，兩個人宣布愛已逝，連一想到對方的臉都噁心，恨不得對方立刻消失在地球表面——這到底是怎麼回事？

如果按照比例來看，修成正果又能白頭偕老的算極少數，這麼一來，愛，還眞是個殘酷的東西。

愛讓每個人前仆後繼，不惜耗費大量的心力、財力投注，卻讓半數以上的人用互相傷害來終結彼此，死在愛的戰場上。

那麼，愛的質變有無及早發現的可能？

當然有。就是許多婚姻專家、兩性心理學家都一再強調的溝通。

多觀察、多聊天、多反應，那平日的點點滴滴若都能感受到，應不致一夕生變。

只是，生活一直都是愛情的敵人。時日一久，愛磨光了，剩下的，多半只是精疲力竭的習慣——當初眼中的紅玫瑰，也不過是今日牆上的一抹蚊子血。

愛的質變，還是發生了，早晚而已。

愛的勉強

Forced to Love

勉強這兩個字，在日本人的字典中，竟是讀書的意思。也對，大多數的人，在讀書時是不太甘願地、很勉強地。

漸漸有些訪問，會開始問到我有關「保持永遠戀愛狀態」的事，除了努力經營之外，我的心中，近日浮現了「勉強」這兩個字。

是啊，這兩個字，不就是保持愛情的要訣？

永遠記得，爲對方做些勉強自己的事。

想當初，那初初戀上的時候，眼裡只有他，全身的能量願爲他分分秒秒燃燒，再累都要去看他一眼，沒時間睡覺也要和他說上話，再遠的地方也不嫌遠，一切都在勉自己全力而爲，一切都在勉、強。

熱戀之初，人人都是超人，沒來由地混身充滿了力氣，上班完約會再直接去上班都精神奕奕；待荷爾蒙減少，人人都必須回復常人狀態，要再多做其它的事，便有些勉強了。

於是，在累了一天之後，若還能勉強地爲對方做些什麼，還眞令人感動。

這「爲對方做些什麼」，其實也不用多了不起的事。比如說，記得老公喜歡吃大餅捲牛肉，在忙碌工作了一天，回家時繞一點路（勉強）去買一份，相信老公會很感動。

又或者，兩人都忙了一天，很累，若能爲對方簡單地按摩一下，意思到了即可；那溫柔的呵護，是自己可以多奉獻一點的表態，也是在平淡的生活中加些甜蜜的調劑。

所以，偶爾勉強一下，也很美。

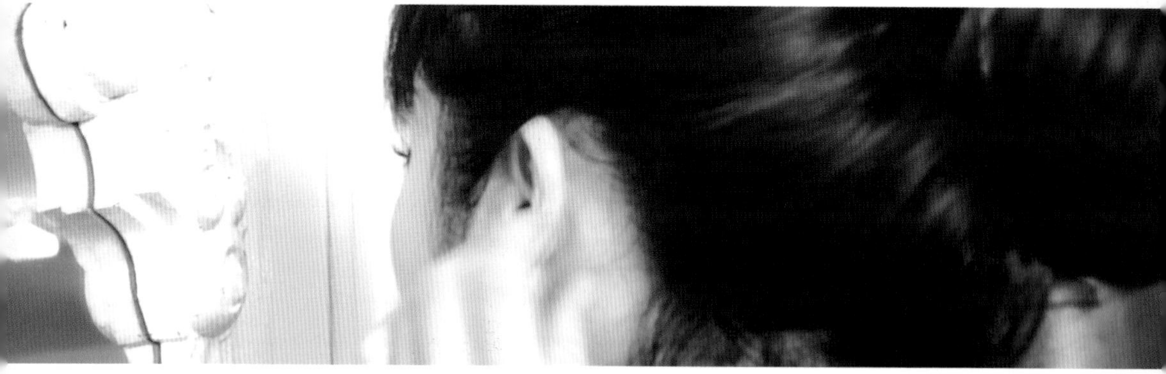

PART 1

Me

如果沒有遇見你

如果沒有遇見你，我將會是在哪裡？

二〇〇八年十二月十七日，懷孕已達三十六週，由於是第二胎，醫生說他不敢保證什麼時候會生。此時此刻，我坐在「長谷川Café」的角落，想起了鄧麗君的「我只在乎你」。

人的一生有多少的轉變？有些時候我們可以自主選擇，但大多數的時候，命運真的不是操之在我。

他曾經很溫柔地跟我說了一句：「妳改變了我的人生。」要不然，他可能仍在墾丁、台東或宜蘭一帶流竄，到處找浪衝。

當然，或許那樣也很美好，但我仍然可以嗅出一個男人有了自己幸福安定的家庭後，那種夜裡能眠、生活踏實的喜悅和欣慰。

其實，他又何嘗不是改變我命運的那個人。

記得大學剛畢業時，對於工作、愛情，都是充滿興奮和期待；經過一連串的學習和挫折，才稍稍能拿捏箇中要訣。

工作方面能掌握的部分較多、較有跡可尋；愛情方面，則是浮浮沉沉、頭破血流。

妳想好好愛一個人，卻發現對方不這麼想，而且，從開始到發現，往往需要好幾年的青春；而從發現到能逃脫，也爲時不短；又從逃脫到完全重新活過來，又是一番勇氣。

自己在最青春年少時，曾對媒體發過夢：「我要在二十五歲把自己嫁掉，三十歲前生三個小孩！」啊～，那個還敢大聲說出這種白日夢的年紀啊，可貴又可笑。

後來已漸漸逼近拉警報的年齡，又多遇人不淑，便開始盲目地求神問卜。

大部分的算命老師說：「啊，妳這個命哦，適合晚婚。」這個年代，超過百分之八十的人都晚婚不是嗎？就算覺得他們在哈啦，但聽到有「婚」這個字，居然心頭還是一喜，因為，算命老師還會在後面補一槍：「妳知道嗎？有些人的命盤是怎麼看都沒有姻緣哦！妳這個算是不錯了！」往往是在幽幽暗暗的小房間，算命老師嚴肅神秘的臉，不管是學歷高低、資歷深淺、天資聰穎或魯鈍的眾女子（或偶有男客）們，都在被宣布的當下失了魂、著了魔，悲喜由他不由己，個個像小瑪爾濟斯般地搖尾乞憐，等待主人施捨的一根小骨頭屑。

於是我終於能了解，為什麼社會新聞裡常有高知識分子，被一些打著姻緣旗號的神棍騙財騙色後身心扭曲的悲慘故事。

那是多麼壞的一個心眼?!看著別人求愛若渴，而他們可以趁虛而入然後丟下一個夢魘讓尋愛之路更加痛苦？

自己慶幸沒碰過神棍，但也常被不同的鐵口直斷嚇出一身汗。

曾碰過一位算紫微的老師，她研究了半天，就冷酷無情地直接宣判：「妳命中沒有婚姻！就算結了，也鐵定會離，而且沒有小孩！」說完，就陰狠狠地看著我，然後是一大陣沉默。

我當場沒哭，但回家真的憂鬱了好久。每天惶惶終日，工作無心，覺得人生灰暗，不知所已；夜晚更是抱著電話向姊妹淘們求救。

就這麼懸著、掛著、失魂落魄了半年，有一天，有位朋友說她認識一位仙姑（你不覺得，台灣還蠻多仙姑的嗎？），可以透過電視螢幕替我論命，隔天便打電話給我：「放心啦！仙姑說妳會結婚，而且會有小孩！」哇!!眞是不得了，當下如釋重負的我，可能比無保釋放的阿扁兄還要爽，整片烏雲從眼前退散，說我能飛簷走壁也不無可能；妳知道，就好像人生又有了重新啓動的能量，仙姑一句話，便讓我藥到病除。

之後當然又過了好多年，才遇見生命中的他。

世人對婚姻的見解千千百百種。但我深刻地體認到，晚婚眞的比較好。兩個人都比較成熟，當然比較好。重點是，兩個人都受過傷，這更好。

在個人主權意識高張的年代，每個人都以自我爲中心，莫不覺得自己最大、最重要——這當然也就是造成婚姻中兩人相處、妥協、容忍的最大障礙，所以各國離婚率都這麼高。

在每個人的成長過程中，有人養尊處優、有人獨立早熟，但不管什麼樣的人，大多是自私自利，自己先顧好最重要。尤其當今世風日下，人不僅在職場要心機算盡，在情場上更是。

說穿了，就是自私、自私、自私。

每個人都可以傷害別人，卻無法忍受自己受傷。

比如說，劈腿大行其道，每個人理直氣壯地說：「又還沒結婚，爲什麼不可以有多點選擇？」但當自己被劈腿，便又呼天搶地潑硫酸、尋仇、上網po性愛照、用車撞、找人扁對方等等不勝枚舉；每個人講自己劈腿都掩不住笑意，但講到被劈又都如喪考妣——更變態的是，後來演變成因爲怕被劈所以先劈，在一段感情中隨時準備落跑叛變，如此一來，怎會有可以相信的愛情？

所以我說要有一段穩定的關係，必先具備被慘烈傷害的經歷。

因爲你被傷過，便知那苦那痛那不堪那可悲，下回你想越軌時便會有一片陰影籠罩，不至於斷然行動。當然，仍有那種喪盡天良樂此不疲不斷傷害愛自己的人，除了耽溺短暫空虛的歡愉，那種人最後多半是晚年淒涼、下場難看。

付出的不見得能收回，但在愛中，不付出一定得不到眞正的幸福。

因爲我和他都到了一個年紀，也都傷過別人（也都喪盡天良不知別人會痛），更是受過重量級的背叛欺騙，所以只能說，資歷完整，剛好合格進入一段穩定的關係。不曾心碎過的人，不會有愛別人的能力。

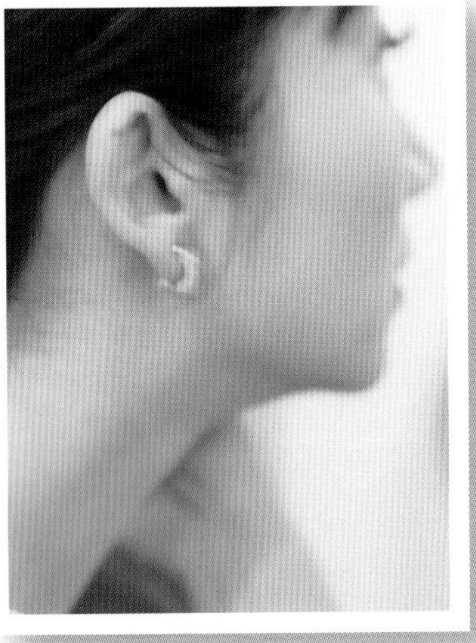

贊成晚婚的第二個原因，便是看盡滄海桑田。

其實也沒有那麼滄桑啦，只是說，當你看過、聽過、玩過、冒險過、失去過、得到過、控制過、失控過、野過、瘋過，你才會甘願地去經營一段穩定的關係。

因爲曾經看過紐約的MoMA、SOHO；看過南非的克魯格國家公園的花豹上樹、獅子狩獵；在清晨四點欣賞過紐西蘭南島星空下的座頭鯨；更在安格拉治上空看過北極光；還有自尼泊爾遠眺喜馬拉雅的聖母峰頂疾風吹雪；以及義大利佛羅倫斯的小鎮風情，所以我能與愛的人窩在自己的台北小角落而不會心猿意馬。

因爲曾在原宿、涉谷瘋狂Shopping，買衣服、鞋子、首飾、帽子、杯盤瓷碟；也在香港買東西、吃東西；更在紐約、義大利、巴黎受過時尚尖端的洗禮；所以更能體會到衣服能穿就好、鞋子再買也買不完——哪裡也比不上帶小孩到巷尾買根棒棒糖的喜悅。

看盡千山萬水，才知世界之大，大不過與親愛的人的一方小天地。

嚐過米其林三星級廚藝、喝過行家典藏的紅酒；法國羅浮宮裡濃濃的熱巧克力，日本產地直達的不可思議生魚片，屏東正鮮的黑金剛、油魚子，洛杉磯又軟又香的紐結餅……美好的滋味仍在記憶中蔓延，但怎麼也比不上和他在家裡煮上一碗麻辣泡麵。

所以我主張，先把你的青春歲月填滿，完成了各項自我之後，你才能很心甘情願地簡單過日子，當然，也更能體會實實在在的喜悅。

如果你覺得自己還沒玩夠、沒看夠，那就先別結婚吧。

我的媽媽

二〇〇九年一月，我當了第二個孩子的媽；兩個月後，我失去了自己的母親。

她死於多重器官衰竭。早在過世的前六年，她被肝科醫生宣布只有三個月壽命，所以後來的這幾年，我們這些女兒也只能想成這是多活的幸運。

肝硬化、糖尿病，伴著洗腎的日子，最後還引發肺炎，她多出來的日子，其實也沒太好過。

當我看到她的遺體被送入冰櫃時，除了悲傷，更多的是鬆了一口氣——替她鬆了一口氣。

最後的日子實在太辛苦了。鼻胃管、呼吸器、拍痰衣、插管治療、導尿管，她日漸消瘦的身軀在眾多儀器管線侵略下更顯得無助。

媽媽活了七十四歲。不算長，也不算太短。

送她走的，只有家人和一些朋友。她的朋友一個也沒來。這和她的人緣無關。實在是因爲搬了好多次家，也換了好幾個城市，再加上她年老時記憶衰退，許多指名要來看她的朋友她都不記得了，故喪禮一切從簡，並無發訃聞。

遺體在經由簡單的基督教儀式後火化。一個完整的人，就只剩下半鐵盤的骨骸。女兒們用著一雙長筷子，輪流夾進骨灰罐。罐子上有著一張幾年前她還紅光滿面的照片。

家人討論著她，說是她最喜歡打扮，喜歡穿顏色亮麗的衣服，塗桃紅色的口紅，還喜歡搭配首飾——大耳環或民族風的項鍊。她還愛唱歌、也愛不經意地炫耀年輕時有多少人追。

事後，我才逐一通知我的一些看過媽媽的朋友。朋友們都不勝唏噓，並且安慰著我。

我的悲傷還算好處理。但對於母親的愧疚，則是不能稍減。

曾經試過要好好與她相處。但身爲兒女的，總是對父母有一種予取予求的盛氣，往往聊不到幾句，便不歡而散。

後期更因爲要控制她的糖尿病情，常勸阻她吃東西而不愉快。身爲么女的我，常常對她長篇大論曉以大義，她卻只是無辜地說：「我要喝果汁、吃餅乾。」

人生多難料，命運多殘酷？

實在很難把吵著要吃餅乾的媽媽，和年輕時意氣風發的媽媽聯想在一起。

外公學的是藝術，又是國文老師，自然對家中的長女要求甚高。媽媽也不負期望地在那個年代以高中學歷考進中廣苗栗台。還記得曾經看過一張媽媽在高中時的黑白照片，那裡面一共有七位高中女生，媽媽說，她們是七仙女，媽媽坐在最中間的位置，笑得最自信最燦爛，頭髮很明顯地和其他女同學不一樣，稍微上了些捲子，那樣的神采使她擁有校花的名號當之無愧。

媽媽是一個極度天眞浪漫的女人。她曾經因爲看了一部瓊瑤電影，愛上女主角戴的耳環，散場後便拉著她的大女兒、二女兒（還好那時我還未出生）跑遍台東小鎭（媽媽在苗栗讀書，就業，後因工作被調至台東，待我出生後，又被調到苗栗）去買。台東欸，民國五十幾年的台東欸，她哪裡管，就硬是跑到商店全打烊才肯罷休。

整理她的首飾盒，發現了好多玫瑰花造型的項鍊、戒指；有藍玫瑰、有紅玫瑰，成套成套地收藏著。原來，是爸爸先送她一套，然後媽媽便珍愛地收藏相似的系列。

原來，媽媽也曾被爸爸如此疼愛過。

聽媽媽說，年輕時外公管得嚴，不管是空軍軍官的情書，或是熱情聽眾的來信，都會被外公控管，唯獨爸爸能闖關成功，是因爲爸爸被調到中廣苗栗台，和媽媽成爲同事。

媽媽說，當時看爸爸很不順眼——好像所有的戀情都少不了這一段，因爲注意到了，因爲被吸引了，卻又不願承認，便嘴上用力地抵抗著——因爲媽媽嫌他太騷包！在四十幾年前的苗栗小鎮，爸爸一出現便是整套畢挺的西裝，胸前掛的是台單眼相機和液晶顯示收音機，媽媽便覺得這個人太愛現。

後來，爸爸每天送媽媽回家，但又怕公公姥姥發現，便在快到家前的一座小橋前先離開。回憶起來，媽媽說那時還是覺得他煩。

直到有一次，媽媽要坐火車去探親戚，爸爸去送行。火車要開了，爸爸很不捨地跟著火車小跑步，直至跟不上了，便大喊出：「妳要早點回來！」

媽媽這才融化了。她說，覺得爸爸好孤單好可憐。

後來，他們結婚，有了我們三個女兒。

大姊說，她小時候常聽到他們兩個人對唱情歌，家裡充滿了歡樂的氣氛。這和我的記憶完全相反。

或許是因爲我出生後，又是一個女生，父親難免失望；再加上舉家北遷，經濟壓力變大；印象裡的爸媽，總是爲了錢不愉快。

現在想想，媽媽爲了我受了許多委屈。不僅家庭、工作兩頭燒，還要因爲沒生個男孩，飽受父親的冷嘲熱諷。

如果他們只有兩個女兒，或許日子會好過一點；如果家還待在苗栗，或許可以更和樂。

所以，還是很感謝媽媽勇敢地生下了我，還是很感謝父親帶著全家人北上，不然，不會有我，不會有今天的我。

自己曾經怨恨過。怨媽媽爲什麼不像栽培姊姊們那般地栽培我——她們學小提琴、學鋼琴、芭蕾舞、民族舞，我只學過一年鋼琴。在父母爭吵時，我也恨自己不是男生，不能讓媽媽理直氣壯。父親動手打我時，更氣媽媽為何不挺身相救，只在事後抱著我哭？

那時的我並不能了解，媽媽已經用盡全身的心力在職場上打拚，下班後得趕回家張羅晚餐、料理家務，媽媽沒有時間作夢、沒有喘息的空間；沒有人在乎她年少時如何被寵愛、如何被崇拜；而她在庸庸碌碌的日子裡，是否也曾想過那少女時玫瑰般的夢？

媽媽在中廣苗栗台除了報新聞，更主持晚會；當她拿回當時動感紅星楊美蓮的黑白簽名照時，我記得我是多麼地如望神般眼睛發亮地看著媽媽說她好棒；媽媽說，她常穿著高跟鞋去搶新聞，鞋跟喀喀喀地跑來跑去，雖然腳痛，但常跑到獨家。

後來，我成為一個主持人。又是電視節目又是廣播又是大型晚會，媽媽沒說過一句以我為傲的話，只是看著電視然後對我笑：「沒想到我女兒這麼醜也能上電視當明星。」

這句話把我和她的關係搞得更僵。

我搞不清楚她喜不喜歡我的表現。她只在我說話大膽時捶我兩下：「女孩子不可以這麼說話！」或在我將她的糗事模仿出來時誇張地捂嘴：「下次不准在電視上說我的事！要命！」

我還是沒聽過一句她讚我的話。

但她還是常拉著我到親朋好友面前「展示」。我沒來得及反應，那就是她以我爲傲的方式。

所以，我學她用損人的方式讚美人，用不在乎的態度掩飾在乎；我不贊成她的方式，卻又在仰望著她時變成了她。

等到自己有了孩子，我才驚覺，如果我用同樣的方式對我的孩子，他們會有多寂寞。

我要大力地擁抱我的孩子，管它是小眼睛、塌鼻子，他們都是我生的，遺傳自我和我最愛的人，每一個小細節都美得完美或不美得可愛。我要不斷地親吻他們，爲他們輕柔地哼著搖籃曲，就算他們聽不懂，我也要告訴他們我洶湧滿盈的愛，不讓他們感到一絲絲負面的感受；要減少工作，不錯過他們需要我的每一刻；他們跌倒了，我能蹲在一旁及時地呼呼秀秀（惜惜）；他們多學會了一句話，我能先聽到；五音不全唱的歌，我能跟著和，然後爲他們鼓掌。

我要爲那些錯過的，做些彌補。

我要把媽媽那時錯誤表達的，正確解碼。

我不要在孤單單地躺進冰櫃後，突然驚覺還有好多事沒交代，好多話沒說。

大姊說，媽媽這次自己都沒料到不會再出院了。

後來在加護病房，她已不能言語，只能痛苦地大聲喊「媽」。

她的眼神充滿了驚恐，只在聽聖詩時，才稍微平靜。

她走時是早晨八點，加護病房裡沒有親人，三個女兒稍後才趕到。

媽媽走了。當女兒們都到時，她才闔上眼。

她會不會不甘心？會不會想親口對我們說上一句肉麻的話？已無從得知。

自己當然是懊悔的。但我相信，就算媽媽活過來，一切也不會有太大改變。

她還是會酸我，我還是會頂回去。

我們充滿了刺，卻又那麼想擁抱對方。

只能從她的身上學到一些，來改進自己，清楚自己真正要的、真正想說的，

好好地去愛，算是對她的一些緬懷、一些紀念。

告別大內褲

最近正在和自己的大內褲告別。

大內褲。

這三個字看起來超不受歡迎、超不性感，應該是男人女人都不想花時間了解又超想擺脫的東西。

婚前，自己的size是XS。

懷孕時，便一路漲到XXL。

這樣的過程，很令人沮喪。每要往上跳一個size，便覺自己離「小姐」更遠；更多的害怕是，如果此去一肥不返，又該如何？

變胖是一種恐怖的煎熬。一面想著健康、一面又要抵抗食物的誘惑。一會兒戰勝、一會兒臣服；一會兒覺得自己很棒、忽然下一餐，又變得看不起自己。

就算妳有愛妳的朋友，或有個說妳無論多胖都會愛妳的老公，妳還是默默地在漲大、漸漸地感覺到膝蓋和腳掌承受的壓力。手掌水腫了，下巴和鎖骨不見了，肩頭更壯了，內褲穿不下了。

有一天，實在沒辦法穿過去的內褲了，只好不太情願地走進孕婦裝專賣店。只見櫃上的阿姨迅速地用眼角一瞟，立刻拿了件「她們的」M號，當那件內褲送到我手上時，我發出不可置信的驚呼：「未免也太大件了吧！」在阿姨的堅持下，我只好勉強買回家。

那條內褲拉開來，從西到東，活像個麻布袋，或是說，像面旗子——笑死人了！誰要穿啊？

誰知，回家一換上，居然還有點緊……

天～～崩～～地～～裂～～

後來，因爲它實在對肚子來說太舒服了，於是只好睜一隻眼、閉一隻眼地越買越大條。

體重從四字頭一路飆到七字頭，大內褲一直默默地抱著我那如冬瓜般的巨大肚子，如河馬般的臀部。

洗好的大內褲，不太敢在老公面前晾，深怕他一個不小心，拿來當毛巾。

大內褲像個沉默的知己。它陪著我，讓我忘記許多不舒服。

也曾上一些國外孕婦用品網站查詢，看到原來超多孕婦丁字褲——至少看起來會有局部性感的錯覺，知道嗎？孕婦超怕把老公嚇到冷感……——就算它設計OK，但回頭一想，丁字褲的舒適度哪裡比得上大內褲？

於是，孕婦的秘密便是，內褲無敵大。

照理說，大部分注重身材的女人，應該會在生產後想加速瘦身，極快地擺脫那些極大size的衣物，然後再瘋狂堆滿XS的衣物；當然，我也瘦身，但我卻無法忘情於大內褲，一直捨不得把它們丟掉。

當身形邁向M號時，大內褲穿起來便鬆垮垮地，仍然捨不得丟；一直到現在，衣櫃裡的角落，仍有幾件大內褲，靜靜躺在那兒。

我想，它們算是我的戰袍吧！我們是曾經那麼緊密地結合在一起，打過那美好的一仗。
我想讓它知道，我珍惜和它的感情。

百中選一的禮物

多年前，我買了一部新車。牽車後興沖沖地趕去加油站把油加滿，正準備狂飆時，卻發現油標仍沒動靜地停在E，顯示沒有油。打電話詢問業務時，那一頭嘻皮笑臉地解釋：「啊，有的車會有這種現象啦，大概，哈哈，只有百萬分之一的機率啦，陶子姐，妳眞幸運，哈哈哈哈……」

百萬分之一，的確很少。算是我這輩子中，最「幸運」的一次。

事隔多年，我又「中獎」了。

二〇〇八年十月，爲了第二胎待產，正準備慢慢停掉手上工作、迎向休假大吃大喝大睡的夢幻生涯時，我卻被診斷出有妊娠糖尿症。

在所有孕婦中，得到這種病的機率是百分之一～三。很幸運吧。

一開始診斷，必須先空腹三小時，然後吞下一杯有五百克的糖泡成的水，一小時後由指尖刺出一滴血測血糖。我第一次就沒通過。

接下來，就是一整夜加一個早上的折磨。

前一晚十二點以後就要空腹，也不能喝水。第二天一早，先扎一針，再喝糖水，之後每小時再各扎一針，一共四次，只要有兩次未通過，就是妊娠糖尿症。

當我第一次沒通過時，護士緊張地建議我，去附近走走動動，流點汗或許可以加速新陳代謝。

牽著老公的手，走到公園時，我看到了一幅奇異的景象。

那是某個星期六早上的九點，大部分的人都還在睡夢中，灑滿陽光的小公園，靜得像一幅畫，只是畫中有許多如小熊維尼般的孕婦在移動。

一個女人爲了孕育新生命，到底要付出多少代價？

老公陪著我一邊運動、一邊又擔心我身體負荷不了；我們表面上輕鬆地聊著天，但是彼此都感受到對方的擔憂。

醫生的話，一遍又一遍地在耳邊響起：「妊娠糖尿如果沒控制好，會造成巨嬰、難產或是小孩畸形；如果小孩過大，必須剖腹，母體又因糖尿傷口不容易好，小孩一離開胎盤，剪斷臍帶後，又容易造成低血糖……」

很「幸運」地，我沒通過測試，確定是妊娠糖尿。

而接下來的日子，更是超乎想像地「新鮮」。

諮詢過營養師和新陳代謝科醫師後，我的一天七次量血糖生涯正式展開。

餐前餐後加上睡前，一共要扎七針；但一開始因爲不夠熟練，扎個十來針是常有的事。不過才三天，我就開始有點受不了了。

醫生說，扎兩手的食指、中指、和無名指，盡量往邊緣扎，較不痛。

嗯，哪裡不痛？

才三天，那六隻手指已經有點泛白脫皮，本來細微不可見的針孔也變成隱約若現的小黑點。自己拿採血筆扎自己指頭，雖然疼痛程度當然無法與生產的痛相比，但那種感覺很幹，像是不經意被紙劃破了手指。

老公爲了了解我的感受，特地給自己扎了一針，鮮血湧出的瞬間，他罵了一些髒話。

有一天夜裡，我獨自在馬桶上，告訴自己一定要撐下去，不然，若是血糖降不下來，未來的孕期就得每天拿針打胰島素，更大的針喔！然後，我親吻了我的

六根指頭，感謝他們的犧牲，感謝他們在我每次要選擇扎哪一根時，無言又憔悴地看著我，然後義無反顧地擠出一小珠鮮血。

於此同時，○八年的金鐘入圍揭曉，朋友的聲聲恭喜、記者的八卦問題，在我聽來都好遠好遠。

當然，我還是感激的，只是，此時此刻，有什麼比我肚子裡孩子的健康更重要？

上帝絕對是公平的，祂給了你一些、也拿走你一些；不能抱怨，只能努力解決，因爲，困境讓人長智慧。

我可以成爲減重專家，我甚至可以開一家專爲糖尿患者設計食譜的餐廳。因爲，在這個過程中，我學會了控制醣的攝取，了解了食物包裝後面各個成分的意義，更知道不同食物引起的GI值反應。

不經一事，不長一智。是啊，說的人輕鬆，做的人可辛苦了。

除了每日扎七針，還得餐餐餓肚子（醫生說，當妳覺得還要再吃才會飽時，便要停）。技術上來說，開始吃時，便差不多要停止。

如果將食物量化計算，早餐要是吃了半片吐司，無糖豆漿便只能喝兩百c.c.

左右；如果吃了一顆蛋，豆漿可喝多一些；午餐可吃肉、菜配半碗白飯，但肉只能吃如兩根手指的寬度二～三片；晚餐也大致如此；而孕婦的小小特權便是吃點心，但是水果也只能吃一小片。

餐與餐之間的點心不能含糖，若是吃蘇打餅乾，碳水化合物十五克便等於一份醣，所以，大約是三片左右的量。

一個大腹便便的女人，居然在吃減肥餐？而這樣吃下來，果然讓我在懷孕第六個月的體重開始往下掉。也讓我在大S的生日Party上，被小S的老公Mike稱讚說：「陶子姐，妳懷這胎好漂亮，跟上一胎差好多！」

算是一個不小的鼓勵。

當然，自己也不是沒有違反規則過。

偶爾偷吃一片不太甜的巧克力，或多吃兩小塊木瓜。

很奇妙的是，當我一邊在管理自己身體的同時，我也一邊在控制我媽的飲食。媽媽年紀大了，又是糖尿病患者。腳掌已因傷口爛而挖去了一個小洞；左手裝了一根管方便洗腎；但老人家仍然像個任性的小孩，不斷偷吃。

過去當我約束她時，她總會在最後使出殺手鐧對我大吼：「妳不知道糖尿病有多痛苦！」說得我啞口無言。

這下可好了。我和她一樣了。她也沒得賴，更無話可說了。

我買了兩套測血糖機，每天幫她記錄，然後每天再聽她一直唸說她吃不飽。

過了一個月，我得回去複檢。

這是非常重要的一刻。要是血糖檢測沒過，我就得每天自己打胰島素針。

一早便去抽空腹血糖，然後再去吃早餐。散散步後便再去抽一次血，測飯後血糖。

行文至此，仍免不了要感謝我的老公。

他無時無刻不陪著我。他企圖讓氣氛輕鬆，但又警覺地隨時叫我起來動一動。看得出他臉上心疼又害怕的表情，是那麼怕我和孩子稍有不測……

終於，我們看到報告了──血糖控制得很好，一切正常。

顧不得醫護人員的眼光，我們兩人立刻抱頭痛哭……好丟臉……但是，我好愛我的老公，他是一個那麼堅強又那麼脆弱的男人，老是走在我前面卻又不忘伸出他的大手要我牽著他；他是那麼地不想失去我，而我，也付出所有的努力去維持健康，因爲這樣，才能待在他身邊久一點。

知道有人深愛著自己是件幸福的事，但相對地，你也必須爲守護這份幸福而謹愼小心，因爲，你的生命不再是你一個人的；你的喜怒哀樂，你的健康與否，都影響著愛你的人。

雖然第一個月通過了檢驗，但醫生仍然嚴格要求我下個月繼續追蹤，只是，營養師放寬了限制，她法外開恩地說：「好啦！實在忍不住，偶爾可以吃一球冰淇淋！」

哇～～我要飛天了啦！雖然只能吃鐵觀音口味，但這小小的一球，卻讓我覺得生命出現了一道陽光。於是，每週固定有一天，我便會趁老公去上班時，帶著荳荳去享受冰淇淋「大餐」。

她可以任意選著巧克力、草莓或是綠綠黃黃的新口味，我照例點著茶的冰淇淋；然後，我們便開心地邊走邊吃。

那小小的快樂，回想起來眞是難忘。

到了第二個月，因爲本人超人的意志力控制，又得到了滿分！醫生看到抽血報告，便激動地漲紅臉說：「感動！感動！這就像妳們星光大道的25分！太令人感動了！」接著，他還說：「妳們的評審很喜歡用『感動』兩個字厚～」……他眞是個可愛的醫生。

接著他不斷鼓勵我，更希望我繼續少吃，未來才不會糖尿病發……言下之意，因爲我有家族遺傳，往後的幾十年，還是得控制。

有句廣告歌唱著：「Always look on the bright side of life !」永遠都要往光明面去正面思考人生。我的一個朋友說：「妳的兒子很好！妳要想，他是來提醒妳及早發現的。」多棒的一個想法。

現在抱著七個月大、重十公斤的兒子，看到他健壯的體格、可愛的笑容，除了欣慰，還有些許的驕傲——畢竟，那一段爲時九個月的航程，是我和兒子在未知的太空中飛行，一起面對各種危險、享受各種挑戰後，有驚無險地安全降落地球。

母・子・均・安。

除了自己和醫護人員的努力，眞要感謝賜給好運的眾神。

有了孩子，才知道自己的渺小。

年少輕狂時，難免驕縱；後來才知，螻蟻不如。很多的時刻，是由神、由天使、由宇宙、由未知來決定；原來，那便是被神的手輕輕托住的感覺。

所以，百中選一的機率，又何嘗不是一個獨特的禮物？

為什麼要結婚生小孩

因爲我們有MC排卵，因爲我們有子宮，因爲媒體、身邊朋友的暗示明示都可知道，終有一天，我們是要懷孕生子的。

很少人告訴我們，如果、萬一，找不到適合的人結婚生子，應該怎麼辦？於是，在傳統的壓力下，很多人摸摸鼻子找個差不多的人嫁了，或許也生了幾個孩子，但說不上來開心與否，只知道，自己像是尖峰時刻被推進捷運車廂的乘客，「咻」地一口氣緩緩吐出，不管車廂內是否燠熱難忍，至少，自己趕上了。

但是，人生眞他媽的機車！就連現代化的捷運都可能因爲當機而半路卡在高架軌道上，更何況是婚姻？人心？

沒趕上的人，心可慌了。會有下一班嗎？多久會來？來了後自己擠得上嗎？

擠上了，但，那眞是自己要去的地方嗎？

那裡，不過是諸多選擇之一。坐捷運，也應該只是諸多過程之一。時候到了，擠不上，勢必有另外一種可能。

所以，就算我們是雌性，天生有母性，那也只是一種基因決定。

而女人，該有女人自己的決定。

全球人口已經夠多，好男人出現速度又不成正比；借精未婚生子又是太巨大不可測的未知，所以，女人們或許應該把結婚生子當成某個使命，而不是天命。

人生中有許多使命，可以選擇要不要扛。聖女貞德和花木蘭，選擇了當時她們認爲該接下的使命，而不是接受可能在當時更不可抗逆的天命——結婚生子。

這件在婆婆媽媽嘴裡不可不做的事，其實，妳自己心裡比她們更清楚，自己要不要去扛；又或者，妳覺得生命中有更多其他的事要忙？

如果我的女兒到了適婚年齡還不急，也找不到一個相愛的人；那麼，我會去注意她在工作上、生活上，有沒有什麼事能讓她眼神發光、能讓她依然有著像小時候一樣快樂的笑容？或許，我也會急，但是，她一個人開開心心地，總好過遇人不淑、虛擲光陰、焦頭爛額？

婚不能亂結

至今，還是不太確定結婚這個制度到底適不適合人性。

人很怕寂寞，人很需要愛和關心，人需要繁衍後代；又因爲怕愛的人跑了、不照顧自己了，所以有婚姻、有家庭制度。

除去以上的原因之外，人還有七情六慾，不見得能從一而終；人喜新厭舊，總是覺得別人的伴侶比較好，鄰居的草皮比較綠；人是自私的，偶爾可以無私地幫助別人；人的耐性是有限度的，就算對自己的父母或是親生子女；這些原因，便是兩人長期相處的變數。

我相信，沒有一對夫妻是不經過任何震盪衝突就可以相安無事的。

又要愛情、又要激情，還要親情和溫情，是多麼難執行的一項任務。

再加上兩人在工作上、自身上，外界環境等與日俱增的不同變化，真的需要氣度、智慧、修養，才能修成正果。

如果你想結婚，先問自己，你能退到什麼地步而不覺委屈？對方又能做出什麼樣的付出？把一切狀況想到最壞，再決定。

孩子更不能亂生

有時候，因爲實在太煩而對荳荳大聲或暴怒，實在很歉疚、很自責。

我們已經是盡量閱讀兒童教育相關書籍的父母，也與友人或老師常常互相交換教養心得，學校的懇親會或活動更是一個也不敢漏；卻在工作繁忙或個人狀況不佳的情況下，偶爾還是會對孩子失去耐性。

於是，常在新聞媒體上看到小孩被虐打或棄養，也稍稍可以了解原因。

在自身溫飽都有問題的家庭裡，孩子的奶粉、尿布都不見得買得起，更別提要打預防針、生病的治療費用、衣物鞋子玩具……等。還有教育費?!天啊！請想生小孩的人一定要考慮得非常清楚，不然，會有許多的悲劇發生。

懷孕是什麼？孩子是什麼？

有些前輩說，女人這一生一定要懷胎，生命才算完整。

這句話眞是逼死一缸子女人。

搞得大家心裡都有個定時警鐘，很怕萬一這輩子沒生過，豈不殘缺？

於是，我們看到一些較有能力、有辦法的女人，紛紛用借精或借腹的方法想擁有一個屬於自己的孩子。在我看來，能懷很好，不能懷就別老去想，反正，誰的人生沒有一點點遺憾。

懷孕的感覺很奇妙。

初期人是昏昏脹脹的，有點懶洋洋的；及至醫生確定後，看著那不到一公分的小肉芽，很難相信它將來會是一個長得比妳高的人。

前三個月體態不至於有太大的改變。

三～五個月，小腹微凸。

第一胎比較沒經驗，肚皮也較緊，常感覺不到胎動，醫生提醒才知，原來那感覺是小塊胃脹氣的氣體竄動，便是孩子在肚裡的活動。

很多時候，孩子比老公更親一點。

因爲它就在妳身體裡，吃一樣的東西、聽一樣的聲音；妳心情好時它也舒服，心情低落時它也與妳共存。

後期大腹便便，更覺得自己是袋鼠或無尾熊媽媽，走到哪兒它都跟妳去。

走黑夜的暗巷也不怕，一個人散步時喜歡唱歌，更多的時候還喜歡跟它說話，說著說著，自己還會落下眼淚。

妳會變得很強。

那是一種發自荷爾蒙、發自內心的強大力量，因爲妳知道妳要活得更好、更健康來保護它；看到那超音波照片中漸漸發展出來的手、腿，和眨巴眨巴的眼睛，妳除了感受生命的奧妙之外，更由衷感謝造物者的細心溫柔，沒讓它少了什麼。

生命越是難懂，越覺得自己渺小。

小得自己只能等待，只能讓它發生，只能盡人事而後交給命運。

所以，妳也會變得很弱。

因爲看見寶寶熟睡的美好而感動；因爲它對妳連續發出了一串聲音而驚嘆；因爲它克服了高燒而如釋重負；因爲看見它微笑而笑；因爲妳看見了妳自己，那個妳從未遇到過的幼小的自己，那個不在妳記憶中的片斷如今卻活生生地在妳面前重現的自己，所以，妳知道了妳的過去、妳的發源、妳曾錯過的一切。

妳看到了自己，於是，妳會想，該給它什麼？該爲它做什麼？如果給它不同的選擇，有一天，它還是會像自己嗎？但奇妙的是，它有妳的血、有妳的DNA，所以，它也會有妳，和妳愛的人的一切：表情、說話、長相、一切。

妳會毫不保留地愛上它，然後又憂心忡忡地想著有一天它會離開的痛苦。

妳會問它千萬遍：「你愛我嗎？」「會愛我很久嗎？」「長大會不要我了嗎？」

當然，有時候，妳也會希望從來沒生過它。

女人會比男人更牽掛，因爲，那畢竟是我們懷胎九月，歷經變胖發腫抽筋夜晚難翻身頻尿便秘、又要照超音波4D高層次羊膜穿刺血糖檢測、還要選剖腹自然產擠母奶坐月子加上千千萬萬個睡不穩的夜晚熬出來的小孩子、小天使、小惡魔、小小的自己。

兩個孩子都還小，只能報告到這裡。

但在老公和我的心裡，還有好多的夢還沒實現。

他要帶小龍去衝浪、去酒吧看正妹；我可以帶荳荳去看愛情電影哭得死去活來，再狂吃冰淇淋、巧克力，然後一起去瘋狂Shopping。

當然，也不反對去看他們的成果發表會、演奏會之類的。

還有，他們將來有什麼樣的戀情？什麼樣的工作？什麼樣的快樂和哀愁？

這是我們的選擇，僅供參考，稍安勿躁。

自然產

就像男人談當兵一樣，我的兩胎自然產體驗，勢必會成爲我嘴上滔滔不絕的英雄事蹟、也是我一生最愛炫耀的勳章。

因爲讀過一些研究報告，也因爲醫生的評估通過，於是，在第一胎時，我便決定要自然產。

此時說得乾脆，其實，回想預產期前幾天，還是猶豫不決，醫生看著我的表情，便一手去拿電話：「我還是幫妳也留開刀檯好了！」

預產期的前五天，陣痛開始了。

後來想起來，自己是晚上七點進產房，九點多便把荳荳生下來了。於是便以爲自己是幸福的產婦，痛沒多久就結束；豈料醫生說，不可能，妳那天白天都沒事嗎？

嗯，老實說，二〇〇六年的四月二十二日清晨，自己便是被一陣絞痛驚醒。因爲才早上六點多，又不確定那是陣痛還是想拉肚子，只好一個人走到客廳看電視。

剛好看到電影台重播「大蟒蛇之血蘭花」，邊看蛇吃人、絞人，邊覺得腹絞痛越來越頻繁，當時，以爲是電影畫面太殘暴的原因造成腹痛。

中午吃過飯，下午便去看房子。

那是一棟漂亮的新成屋，老公和我已經去了好幾次，四月二十二日，我們是準備去做最後確定的，誰知道，前腳才一離開，後腳便接到sales電話，說是另一位sales不知道，已把房子賣了。

頓時，只記得自己肚子一陣狂痛，還以爲是被氣到了。

下午就出血了。醫生說，時候應該還沒到。

傍晚，call了幾個朋友，到家裡吃炸雞看棒球。

男人們大聲聊著天、等著炸雞；我則抓著老公的手腕，只要一痛，我便捏他，他則另一手拿著碼錶，算著陣痛的頻率。

雞還沒來呢，我已經發現，自己有些忍不下去了，便突然從沙發上站起，只說了句：「走吧！不對了！」

男人們眼神驚恐。不發一語動作迅速地關電視、冷氣、燈，趕緊護送我們去醫院。

產房在二樓。當我步入醫院大廳時，一陣巨痛讓我彎下了腰，整個人蜷成一團，大約過了幾十秒，痛一離開，便大步往前；走到樓梯口，巨痛又來襲，老公亦步亦趨地扶著我如一尾蝦的身體，一起等痛離開。

就這樣，一行人如同在玩「一、二、三木頭人」般地停停走走，爬上了產檯。

記得曾向醫生抱怨過，爲什麼產檯上的燈光那麼亮？那讓產痛更不舒服！醫生說，其實妳頭上並沒有多的燈，就是產房裡的日光燈，而且，那是爲了確保過程安全，所以，不能搞得暗暗的。

強烈建議醫院應該發眼罩給產婦。

上了產檯後沒多久，我便向護士求救，因爲，我很想大便。

護士好心地問：「需要通腸嗎？」我一直大吼：「不用！我現在就大得出

來！」護士還是很專業地幫我塞通便劑並溫柔地說：「想大就告訴我。」我只能再一次大聲地跟她確定：「現在！就是現在！」

後來才知道，快生孩子的感覺其實和大便的感覺是一樣的。

所以，醫護人員才要再三確定。

但是醫護人員可能不了解每個產婦的矜持，誰要在不熟的人面前一瀉千里地大便啊?!更何況，唉……我可不希望他們下次看到我在電視上出現時，會聯想到這一刻的澎湃……

急急去馬桶交差後，聽說醫生才很瀟灑地在門口向我那群正在吃雞塊的朋友說：「還有得等哪，應該會超過半夜十二點。」

朋友則回憶說：醫生宣布完沒多久，他們就聽到荳荳的哭聲了。

事後考證，這沒多久應該是一個多小時。

話說當我通完便爬回產檯後，護士就發現我從一指開到四指寬，疼痛也更劇烈，當下我苦苦哀求醫生要無痛分娩，他回答：「來不及了！一切都很順啊！」再向他乞討止痛藥，他勉強給了我一些，瞬間，哇，整個超high的啦！

關於自然產的疼痛，想必有許多女人很好奇。

那是一種四面八方襲擊而來的痛。

應該是子宮收縮帶動大範圍的腹痛、腰痛、骨盆腔痛、四肢痛、頭痛……全身無一處不痛。

應該是經痛的數十萬倍。

又像是被擠壓、被圍毆痛扁、被撕裂、被從裡到外地破壞。

那是一種鋪天蓋地，好像永無止盡的痛。但確切地來說，陣痛一停，又覺得回到人間、回到正常的人生。

醫生給的少量止痛劑有如仙藥。

在最痛的時候，藥一入點滴不過三十秒（老公說的），便見我臉部表情放鬆，彷彿升天。

事後老公要我描述那感覺，只能說，藥效發揮時，我整個人猶如從極苦的煉獄升入雲端，疲累的身體躺在雲朵鋪成的軟床上，之前的痛苦並未消失，只是遠遠地被拋在地面，小小地存在，痛感減輕了七、八成，稍微能喘口氣了。

就這樣反覆地擺盪在極苦與極樂之間，醫生突然戴起手套，並宣布要動工了。

其實，在懷孕後期本應去上生產呼吸課，但因自己的疏忽而錯過了。

在臨盆當天，還問醫生怎麼辦？醫生說，到時候我會教妳！到時候?!這句話很像還沒經過彩排就要主持大型頒獎典禮，會慌的。後來我才了解，原來自己生孩子的功力遠高於我的主持功力。

而這也是每一個女人與生俱來的超能力。

在事後的DV畫面上看起來，我只用了三個長到天荒地老的呼吸便把長女荳荳的頭擠出來了。

在那三個呼吸裡，我的臉色由白到青到紅（豬肝紅），而且是一口氣變成三個顏色，就在氣快要斷時，醫生才會喊停。

連續的三次呼吸裡，我用了瑜伽的呼吸法：就算妳覺得肢體被壓迫，肺和鼻已覺得很飽而不能再吸氣時，還是要用想像力，想像有一絲一縷的空氣緩緩進入鼻腔中，不斷延長。

另外，能幫助女人生產的便是女人自己的的意志力。

妳要相信妳能，一定能做得到。

就算不爲自己，也要爲了孩子。

妳要用盡畢生功力，把那可愛的寶貝安全地帶到人間。

不要浪費力氣去罵老公、怨天尤人，那對生產一點幫助也沒有，只會耗損妳在最後一刻的功力。

如果想讓老公知道妳有多痛，只要用力扳他的手指就好了。

不管有多痛，請記住，唯一的減短疼痛的方法便是配合醫生的口令，專心地用對力，趕快把小孩生出來。

三次長到不能的呼吸後，荳荳的頭出現了，醫生這時才叫老公去看我的陰道口，老公看到黑黑的毛，以爲是陰毛，醫生提醒他，我在手術前已剔乾淨了，那是荳荳的頭髮，他才恍然大悟。

「頭過身就過」，這句話用在生產再適合不過了。

最難的頭生出來後，醫生溫柔地提醒：「很好！接下來是肩膀要出來了，還會有一點痛。加油！」跟之前比起來，肩膀根本不算什麼；小孩一被拉出來，我便看到了她的手和腳丫在空中晃，雖然事後還有許多手術縫補動作，但我卻一點感覺都沒有——因爲老公趴在我身上哭、小孩在護士手中哭，我急得只想趕快安慰他們，別的都沒時間去反應。

從晚上七點四十五分到九點五十分，本人歷時兩小時的頭胎生產便大功告成

了。

就像大家知道的，自然產術後恢復較快，一天半後，爲了躲狗仔，也爲了避免讓鎂光燈到育嬰室裡對著其他嬰兒疲勞轟炸，我便自己走下床出院了。

後來與眾多過來人聊天才知道，自己算是幸運的產婦；有人痛了三天三夜想自然生，豈料還是得剖腹，等於兩種痛都經歷了。

小燕姐說我應該是急產體質，叫我小心下次會更快，「有可能會在計程車上生的那種體質哦～！」她眞是神準。我的第二胎，雖不是在計程車上發生，但也快得嚇死人。

第二胎因爲要控制血糖，體重並不像第一胎那樣爆炸，而是剛剛好落在十三公斤多而已。因爲體重控制得宜，自己便以爲應該比上一胎好生。

那是一個子夜，我和老公照例地上網打大老二。老公看牌，我則控制滑鼠丟牌。

突然，那熟悉的疼痛來了。

我在滑鼠上的右手食指抖了一下，差點丟錯牌。

又痛了一下，我才跟老公報告：「好像不對了！」老公半信半疑，看著我還摳著滑鼠又極端冷靜的樣子，不像要生，便回我：「再等一下吧！」

孰不知老娘的習慣是不到最後一刻絕不輕言呼救，也就是說，我．眞．的．要生了啦!!

而老公遲遲不打電話眞的不是因爲那一手好牌（眞的不是嗎?!），是因爲一週前的假性陣痛已把睡眠不夠的醫師從熟睡中吵醒過，他覺得很不好意思。

於是，實事求是的魔羯座，一定要等到十分確定才肯打給醫生。

我只好跳起來，用猙獰的表情說服他，還自己撥給醫生，這才匆忙上路。

一路上的陣痛已讓我感覺不對勁。

那很像是第一胎在產檯上的陣痛居然在路上發生了？一路上的小顚簸讓我尖叫連連，因爲，任何一個小震動都好像讓陣痛更擴大。

一到醫院，急診室的護士還好心地說要推輪椅給我坐，但忍不住痛的我只能一路快走一路大叫：「還坐！我要生小孩了啦！」

到二樓，只見我熟門熟路地問櫃檯：「生孩子！哪一間產房?!」

「二號、二號！」護士慌張地邊走邊叫。

因爲有了第一次經驗，所以我和老公立刻在產房中迅速更衣就位。

但就算要命的陣痛連番襲來，護士的問話仍不停：「身分證？健保卡？」「這份表格要簽名哦！有沒有對藥物過敏？……」天啊！記得當時差點想飆髒話！老娘快痛死了！問這麼多!!

事後也才知道，其實這也是護士要確保產婦是清醒的；要是意識不清或語焉不詳，代誌就大條了！

不用等我cue，護士便說，醫生已在趕來的路上了，因爲，才十分鐘的時間，我的子宮頸已經全開了。

只是，第二胎的陣痛更強烈、更集中。

對於第二胎的記憶，除了痛、就是非常痛、超級痛！痛到我這個忍痛達人都想要放棄生命的那種慘無人道的痛！

醫生說，因爲產程縮短，不像第一胎可以痛一陣、休息一陣，所以痛苦是一直持續綿延的——也就是說，雖然從我爬上產檯開始狂痛到生出小龍只花了半個小時，但那卻是戰火連天、槍林彈雨的不間斷三十分鐘暴痛。

沒生過小孩的女人請注意，要分娩時，整個產檯是呈三十～四十度傾斜的，也就是說，妳的下盤正在撕裂絞痛時，自己還要用雙手抓住床兩旁的把手，眞的很崩潰。

最後，我是痛到覺得自己的腰骨快裂開了，必須發出求救，於是，我用這輩子最虛弱的聲音向醫生輕呼：「醫生，我不行了……」

接下來的那個畫面我永遠忘不了。

在痛苦中，我的眼角瞟到醫生的手部動作——他用左手拉開什麼，然後用右手去撈、撈小龍的頭出來，跟第一胎自然產出的情形很不同，感覺醫生是下了破釜沉舟的決心，用了一個非常手段。

小龍出生了！我頓時感到虛脫，好像整個人剩下一張皮囊，失去所有的感覺，只能躺著慶幸一切解脫了。手放開把手的剎那，多像安全駕駛太空船重返地球的那一刻，莊嚴又寧靜，因爲，再也沒有任何人能發出任何一種聲音。

只有那嬰兒，和嬰兒的父親在哭泣。

老公說，第一胎哭是因爲心疼我，站在一旁的他又自覺幫不上什麼忙，所以就哭了。

第二胎哭是因爲近距離看到兒子被抽口水、吸口中穢物而心疼，總之，那驚心動魄的夜晚，雖然歷時不長，卻是我們常常回憶的話題。

後記

對於自然產，很多人一定會問：會變鬆嗎？
No, baby, no way！可以自己用各種運動恢復的，別怕！
另外，我要在此好好謝謝老公。
你知道當一個女人在懷孕和生產甚至產後，是多麼需要有人陪伴和疼惜嗎？
李仁在我懷兩胎時，都在初期工作、後期陪產；二人吃吃逛逛、不亦樂乎。
而在每次產檢，他也都沒缺席，多難得？兩胎的每一次產檢，全勤耶！
掌．聲．大．鼓．勵。
當我有妊娠糖尿時，是他陪著我；血糖檢測過關時，也是他摟著我抱頭痛哭，只記得當時中山醫院營養組林組長說：「妳很幸福了！很多產婦都是一個人來檢查、一個人聽報告、一個人哭。」

羊膜穿刺時，是他緊握我的手給我力量；4D超音波，我們聽得一知半解還差點一起睡著；當DNA報告出爐，孩子是健康的，我們更抱在一起謝謝老天爺！

生完第一胎，他又忙又累，但也只能窩在小椅子上勉強睡一晚，隔天還要用他精湛的演技騙開狗仔，好讓我們母女平安離開——當然，免不了被媒體嘲諷一陣。

生完第二胎，他在隔天立刻使出乾坤大挪移，神不知鬼不覺地搬了新家，讓狗仔拍不到；還要照顧正在上幼稚園卻又重感冒又找不到媽媽的心慌大女兒荳荳……只能說，得夫如此，何德何能？

在台灣，仍有大部分的男人活在過去傳統的父權思想中，「男主外、女主內」的典型家庭模式是在主流的觀念中當道。

因此，我的老公可謂一夫當關，毅然決然地力排眾議、在輿論壓力下默默選擇全心為家庭付出，因為，他太愛家和孩子，也深知此為權益之計——總得有人犧牲。

於是，他犧牲了工作上自我成就的大好機會、他犧牲了過去自由的衝浪人生；他很專心地向前看，盡量不去聽旁人的閒言閒語，因爲，他是這麼地愛這個家。

有一次，我在整理荳荳的一些檔案，其中有一段影音畫面是荳荳在沙發上學爬行，老公很驚訝地問：「這是什麼時候？我怎麼沒印象？」當我告訴他，他那時在拍戲，他竟一副很懊惱地說：「我居然錯過了……」

天曉得他是個多麼盡責的父親，孩子的飲食起居他都瞭若指掌，身高、體重、排便顏色、喜歡什麼、不喜歡的又會有什麼表情；記得打預防針的是他，尿布、奶粉的量也是他掌握，教孩子騎腳踏車、吊單槓，還幫孩子洗澡、讀故事書……

我知道現在其實有不少男人都如此地做著，而且可能都做得比媽媽好，眞的很感激這些眞男人、好男人的付出，才能讓女人稍減壓力和負擔，也才能讓下一代的孩子有更多的天倫樂。

兩胎生完後，老公爲了體諒我，怕我吃避孕藥會有副作用，又怕裝子宮內避孕器對身體不好，更怕一不小心又懷孕我的身體會受不了，因此，他選擇了所有大男人都不會去做的結紮手術。

我想，大部分男人對於結紮手術還是有諸多不好的連想：閹掉、性無能……等。

我不能罵那些不願去動結紮手術的男人是自私鬼，因爲，那畢竟有很多難關要克服，也眞的很令人恐懼卻步。

所以我說，我的老公，是男人中的男人，是爲了愛他的女人、家人，願意赴湯蹈火、在所不惜的勇者。

那是需要多大的勇氣才做得到的事情。

第一次覺得，我愛你這三個字是多麼地微小，每天說也不夠。不夠補償他所失去的，不夠他所做的千萬分之一。

但還是要說，愛你，老公。

一切以自己為名

許多流行的議題都強調要找自己、做自己、愛自己。問題是，什麼是自己？自己，是完完全全地只指一個人的自我，或是出生後所有關係連結下的自己？

我的意思是，人並不是只有單純的一種身分；你是父母的孩子、你是朋友的朋友、你是同事的同事、同袍的同袍、同學的同學……所以，到底該用多大的範圍去定義「自己」？

人因為有這麼多關係而豐富，也因這麼多的關係而壓力倍增。

你不想讓愛你的人不開心，所以多做了一些「自己」過去不會做的事，難道，這樣就不叫做自己了嗎？在你的愛人面前，「愛人」這個身分便是你自己，一個因爲這段關係而多出來的新的身分，新的「自己」。

有時候，身分多了，責任多了，要處理的事也更複雜了。於是，有人說，去找自己，讓自己快樂。但我相信，十六歲的人說這句話時，必是眼神亮亮地，說出好大好遠的夢想，或乾脆騎著單車去環島，單獨睡了幾個陌生的地方、和幾個不認識的人聽著海浪、交換著青春的故事，然後滿足地回家，感覺找到了自己。若是三十六歲、四十六歲的人呢？自己，已不是一個單純的個體，也不能切割那些關係或感情，突然地離開或壯遊，勢必引起不小的擔心和騷動。

而且，到了一個年紀，很多身分是不容許你「離開一下」或是「找自己」。四十歲的我，有家，有老公，有兩個小小孩，那麼，自己是什麼？那個十六歲的「自己」又在哪裡？

過去的那個自己，一個人工作（當然，還是有很多專業團隊的幫忙）、一個人玩樂；除了例行公事，偶爾顛倒秩序，違反常規，算是跟自己對話，釋放靈魂的自我時刻——不抽菸的我叼根涼菸、不愛喝酒的我坐在Bali海邊點杯mojito看著絢麗的沙龍飄呀飄，或讀一本原文書，查兩個字後便戴上太陽眼鏡、把書壓在我的比基尼上，然後點一份最濃的巧克力甜點過個癮、再昏睡到自然醒來吃份

B.B.Q.海鮮……

現在的自己，因爲多了爲人妻、人母的角色，那多出來的深思熟慮，已不是單純的單身思考，已不是熱血莽勇，那多出來的自己，也是個新的自己。

很多人說，他們是在當父母後，才開始學習如何當父母的；但他們卻沒說，這是一件任重道遠且常常分身乏術的工作。

剎那間，我有好多個我。而只有那少少的、可喘息的片刻，才方驚覺，那十六歲的我，是很難再見到了。

記得剛生完第一胎時，拖著產後疲累的身軀還得四個小時餵一次奶，對於該不該喝水、洗澡又很拉扯；看著鏡中鬆垮又臃腫的自己，無助感爬滿全身——難道，這就是往後我的寫照？

我哭了。因爲我不確定我會不會做得來？能不能勝任？好多好多過去沒碰過的事雜沓而至，好多好多過去的自己要功成身退，脫下過去的彩衣，換上新的戰袍——未來，是多重要的一役？

事前的想像和眞正的發生，天·差·地·別。

我的世界徹底改變，全然的自我思考，已經成前朝元老。孩子生了，塞不回去；未來的二十年（至少），還有往天涯單飛、逛個跳蚤市場、再看看鬱金香綻放的可能嗎？

突然可以了解現代女人為什麼要在產後瘋狂減重力拚辣媽形象了。如果還穿得下二十四腰牛仔褲，如果還能保持○～二號的身形，如果走在路上還能被年輕人多看兩眼，那麼，好像過去的自己並沒完全被放棄，還能和美好的青春有些許連結；或許，在女人心底更深層的潛意識，應該是對被稱呼做「媽媽」的恐懼吧。

上一代的女性在婚後、產後，很自然地就變成了太太、媽媽；在連續劇、小說，甚至流行歌曲中，生過孩子的女性大部分被形容成人老珠黃變了樣，好像一做了這些事，整個人生便與年輕貌美、慾望、甚至許多享受生命的權利做了完整切割，好像一生完小孩，人生就只剩下養小孩長大和等老公外遇。

或許就是基於這些害怕，以及對多重角色的未知，女人們才會躊躇不前。

男人常對女人的反覆無常大嘆「女人心，海底針」，是啊是啊，如果女人也能像男人一樣簡單，我們也不想天天煩男人。

男人生在這個世界，幾乎只有一件事，征服享受、享受征服。

面對結不結婚，男人們最大的恐懼應該只有——會不會失去自由？而且，雖然婚後多了個戒指、變了個身分，但男人在外表上看起來，跟單身時並無兩樣。

當然仍然有一部分的男人願意分擔家務、甚至身兼母職，值得鼓勵，但畢竟是少數。而且，就先天的生理構造來說，男人沒有像女人那麼多的複雜機制，自然少去許多荷爾蒙的干擾。

男人的困擾多半來自成就與否——學業、事業；有時候，甚至不用顧及品德、人格、自我的修爲，因爲在男人至上的社會裡，成者爲王，事業有成便能蓋過一切——除此之外，感情、家庭（甚至同時擁有好多個），都不太會歸在男人成就範圍內被評分。

所以，男人如何能了解女人的擔子有多重？又如何能了解當女人身兼數個角色的難爲程度？

如果，女人身上的數個角色能被量化分配，或許男人便能稍微體諒、將心比心。

比如一個女人同時有太太、母親、女兒，以及工作上的角色，那麼假設我們可以把數個角色的特質分類條列：溫柔、可愛、貼心周到、嚴厲、果決、專業、勇敢、如情婦般的大膽、如補習班老師的效率……等；然後在每個角色上身時設定不同比例的配方，當媽媽時，要有百分之五十的溫柔，百分之三十的貼心周到和百分之二十的嚴厲。面對老公，要有可愛、溫柔、如情婦、如初戀情人、如名廚、如神秘不可得的新鮮女子……再假設有個開關，一按便改變女人體內的設定——這也不是多科幻的未來，男人們，這便是女人們天天在做的事。

因爲男人不喜歡麻煩，就算他們知道女人的辛苦也會不知所措，所以，女人大多把自己搞定，再出現。

女人極疲累時，常會崩潰地抱怨：「我爲這個家，爲孩子、老公，做牛做馬，自己都犧牲掉了！」其實，那只是一種抱怨，女人打從心裡便接受這樣的自己。

只是，當男人想要逃避生活和工作、家庭的壓力，也崩潰地抱怨沒有自己時，大多數的男人都在歡場或外遇身上找到解脫，那未免太以「找自己」之聖名，行踐踏自己之實。

20's something

有人說，二十歲已經是成年人了；但以我來看，二十歲，還好小好小好小。

在我看，二十歲和三歲差不了多少。三歲的孩子，會自己大小便了，會問問題，發表意見了，但任性的時候不少；可是，大多時候，仍可用玩具、糖果搞定——所以，二十歲比三歲多一點的是，他們可以到更遠的地方，但卻仍然像個孩子般地容易受傷、任性，對人情世事一知半解，還很小，still very young。

Girls at 20

去探索、去玩、去奔放，偶爾瘋狂、別太失控。

戀愛最好能談個四、五段；別想在這個時期結婚，因爲妳自己的經驗不夠、判斷就會失準。

先用妳的本性、野性去戀愛，再從每一個不同對象身上學習，然後修煉自己。

少跟男友去逛家具店和市場，別沉浸在那種兩個人好像新婚夫妻般的幻想裡，妳會害死自己。

當然，看著他時眼神還是要專心地迷濛，但心裡要冷靜地告訴自己：「等一下，再等一下，他有可能只是過客。」

多去旅行、看書、看電影，多去做一些妳夢想中想做的事、去妳夢寐以求的地方，因爲在二十幾歲不做，以後可能沒機會了——就算以後有機會，那感覺是不會一樣的。

累積各方面的經驗：工作經驗、戀愛經驗、被騙、吃虧、受害的經驗，還有，性經驗。

二十歲的女孩，體力正好，多去體驗。但不是要妳去濫交。

有些事，還是要三思。

比如說刺青，比如說整型。

人的長相是會變的，氣質也是，多給自己一些成長的機會，不要輕易改變妳的容貌。

二十歲，有什麼好怕的。

Boys at 20

去玩吧！小公狗！

30's Something

男人三十，正是決定他事業是否有前景或仍將庸庸碌碌的恐慌。

這時的男人，正需要工作上的強烈肯定，因爲，三十歲，也不算小了。若這個歲數的男人對前途一片茫然，必定無法對感情有所承諾；若男人事業大有可爲，對感情更無法安定，因爲，他要全力衝刺。

女人三十，冷靜多了，經過二十幾歲的跌跌撞撞，女人突然發狠似地丟下對感情的渴望，全力衝刺事業，像個男人。

Women at 30

輕熟女，應該是這個年紀的女人最佳形容。二十幾歲，還算嫩；三十歲，有些人認爲該拉警報，有人認爲，正是女人各方面都成熟的顚峰狀態。

經過了二十歲的嫩呆土笨，也看過了職場上和情場上的風風雨雨，三十歲的女人，更懂得人情世故，也更懂得如何運用自己的魅力。

三十歲的女人，更加自信，卻也更加自卑。自信源於上一段所言，自卑來自身邊許多叫自己姊姊的二十來歲的青春小鳥。

但自卑和自信往往在一念之間。相信聰明的女人懂得正面思考的強大能量。三十歲的女人也開始了解，生命中的緣分是可遇不可求。若求來的是個負心鬼，對自己的消磨怕是三五年也無法恢復元氣。

於是，女人三十，可以穩健地在工作上求表現；在感情這一方面，則可更氣定神閒地靜觀其變。

感謝醫學美容和化妝品工學的發達，讓女人可以永保青春、延展性吸引力的年限；感謝姊弟戀大流行，只要不拿出身分證，姊姊和弟弟仍可以卿卿我我；感謝許多三十好幾的名女人充滿魅力，讓社會改觀；感謝更多三十的女人，努力地活著，像朵美麗的花。

不過，屬於三十後段的女人，若還是單身，便得考慮一些重要的問題。

作家李昂曾公開表示，她很後悔自己沒能生個孩子，待時機已過，便覺此乃一大遺憾。

我不確定眾人傳誦的「女人要結婚生子，人生才算完整」是否正確，因爲，我不知道「完整」的定義。但我確定的是，結婚生子可以讓細膩懂愛的女人認識更大的愛、更多種類的愛；借用牛頓的話來比喻便是——沒生小孩的女人就像在海邊撿石頭的小孩，而生了小孩後的女人知道，身旁的大海才是愛眞正的範疇（註）。

生小孩不只對自己的身心靈造成改變，更能改變人生觀、思想、生活方式，了解愛的犧牲、奉獻，也能在對自己最不利的時刻微笑以對，甚至給傷害自己的人一個擁抱。

除了這個問題，女人三十，眞可說是花樣年華般地自在自信自由。

Men at 30

這時期的男人極需要工作上的肯定，薪水的肯定，頭銜的肯定；大多數的男人，在這個時期會有一段已走了一陣子的戀情，但男人們，很少會把這件事列爲成就之一。

偏偏在走了一段的戀情的女方，大多需要聽到來自「三十而立」男友的承諾——承諾未來、婚姻、孩子。所以，衝突往往產生。

很多情侶會在這個階段分手。通常是旁人看來很穩定，至少五年以上的戀情，卻在這個時期戛然而止。因爲女人的生理時鐘開始逼得她們焦躁，而男人不是正在衝刺事業、便是剛剛在工作上站穩，那初初有點小成就的時期，如何能安心放下戰場？或者說，如何分心去走入家庭？

對這個時期的男人逼婚是非常不智的。

當然也有例外，那就恭喜。

但是，男人啊，請張開眼看看世界、想想人生，再不然，去看一部亞當山德勒演的「命運好好玩」，你就會從傳統父權價值觀中跳出，好好地想一想該如何抉擇生命中工作與人生的比重。

千萬不要到退休後才發現自己根本還沒多抱抱、親親自己的小孩，他們都早已長大，也早已習慣爸爸的缺席和冷漠，而那時失去工作的男人，便如無頭蒼蠅、惶惶終日不知所從。

生了孩子，卻沒有與孩子的共同回憶，人生算是做了一件很大的錯事。

註：此段話原文出處，是因為牛頓晚年時樹大招風，曾被某些新銳科學家質疑。但他從容大度地說：「我只是個在海邊獨自玩耍的小孩，偶爾會為撿到幾個漂亮貝殼而欣喜若狂，卻對眼前浩瀚的真理大海一無所覺。」意思是說，你們連貝殼都沒看到，又有什麼資格說長道短地評論別人。

40's Something

男人四十與女人四十有多大差別？

男人看起來意氣風發，女人的眉眼嘴角透露著些許不安——其實，兩者心裡想的事是一樣的。只是，雄性不習慣示弱，所以他們要用僅存的精力繼續追逐，讓自己像二十幾歲那樣，證明自己是隻快樂的小公狗；而女人，被動了一輩子，總算在夕陽無限好時，展現了獵捕的姿態。

所以，四十歲，讓男人女人變成同一種人。

Women at 40

一樣是那間義式餐廳，一樣是嘰嘰喳喳的聲音夾雜高分貝笑聲，Liza、Olivia、Vicky、Emy，又聚在一起了。

這十幾年來，她們習慣坐在同一個角落，分享著彼此生活上的點滴和秘密。

Liza先投下一顆炸彈：「Emy暗戀一個人喔！新菜色！」被姊姊爆料的Emy，興味盎然地接話：「我是在上海看到他的，一家Pub，他太迷人了！好想和他上床！」

Emy帶著一個女兒，三年前離了婚，至今仍小姑獨處；只是，剛近入四十的Emy，言行越來越大膽奔放，她繼續說道：「他是一個爵士歌手，聲音好性感好有磁性，哦～，他一定是個great fucker！」

女人們被Emy的熱情搞得尖叫連連，更企圖用網路人肉搜索的方式查那男人的底，幫Emy找尋第二春。

就在大家爭相獻計時，Olivia提醒大家：「妳們最近打了沒？」

Liza嘟起她的嘴唇，有點懊惱地說，她自己覺得不太滿意，Vicky在一旁評論：「我覺得妳打太少了啦！但還蠻好看的。妳們知道那個Gemie嗎？她剛打完，嘴唇還是紫的，自己拿過鏡子一看，很驕傲地大聲說：我覺得狠——美——

麗!!」

Olivia快笑死了，不過，她認爲，進入四十的女人，總是要來幾管Botax，「永保青春嘛!不然，年齡一下子就被看出來了。」

突然，Vicky有點生氣地說：「我最討厭那個臉上有一顆瘤的製作人了!」

話鋒這麼一轉，大家都好奇地洗耳恭聽。

Vicky說，有一次她看到那位製作人在電視上高談闊論：「我最受不了那種四、五十歲的女人，明明就一把年紀了，出門還要穿短裙配馬靴，裝什麼年輕啊!……」

Vicky講到這兒已忍不住大吼：「我整個衣櫃都是短裙和馬靴!天啊!我恨死他了!討厭!」話才說完，Liza已經整個人狂笑地跳起來，展示她的短裙和馬靴給大家看，四個女人忍不住笑彎了腰。

「不過，言歸正傳，」Liza正色道：「爲了Emy的幸福，我們找個時間再一起去聽歌，然後請那個歌手喝酒，把他灌醉再交給Emy!」

Emy彷彿已經倒在那歌手懷裡般地沉醉，其他三人已經開始對行事曆要喬時間了。

突然Olivia想起了什麼，「啊，我怎麼這麼笨！我認識那家Pub的老闆啊！」邊說Olivia已經邊拿起手機，開始「人肉搜索」。

幾分鐘後，Olivia帶著勝利又神秘的微笑向大家宣布：「巧不巧？那歌手今晚在台北表演！」其他三人忍不住捂住嘴尖叫，Emy更是著急地問：「那他結婚了嗎？有沒有女友?!」

Olivia啜了一口咖啡，慢慢地吊大家胃口：「他……他……剛和女友分手！」

「Yes！Yes！」女人們紛紛做出拉弓和擊掌的動作，「那麼，」Liza開口了，「就今晚去吧？」

Emy眼中閃著興奮的神采，立刻打電話約了Spa和她最愛的髮型設計師Andy，「我要美美地勾他，讓他今晚就上我的床！」一陣歡呼，四人乾下最後一杯香檳，慶祝今晚Emy可能不用再一個人睡……

一個幻想的浪漫，讓四位熟女恢復了少女時代才有的青春活力，更讓女人們積極地要讓自己更美、更能抓住生活中那稍縱即逝的歡愉，女人，真可愛。

Men at 40

又是一樣的牌局，四個大男人每個月總要在Ken的豪宅來上八圈。

其實，二十幾歲的時候，四個人一見面不打個三天三夜是不會停的。但隨著年紀越來越大，體力越來越差……哦，不，應該說是，「樂趣」變多，所以，牌就越打越短。

Fran如今已是個大老闆，卻還堅持不要打太大、太久，「上次被Chris上訴了一將，回去被我老婆唸死，拚命查我的手機，聞我身上的味道……厚～～，拜託今天別鬧了！八圈就八圈，OK？」

阿U聽了便很白目地說，「看吧！結婚真的是枷鎖、是墳墓，像我，多好，多自由？」才剛離婚的阿U，似乎對自己的決定沾沾自喜。

Chris是個已四十好幾的熟男，在廣告界有天王級的地位，外表高大帥氣的他至今未婚，所以，Chris仍是女同事們狂流口水的對象。他忍不住向Ken抱怨：「Ken，大家都是好友這麼多年了，最近，你怎麼都不搞名模趴了？」

Ken是個小有名氣的經紀人，旗下有些帥哥美女，常常利用職務之便，可以找到些非常想紅的年輕妹妹來喝酒作樂，Ken嘆了口氣：「是你不甘嫌！哪有什麼名模？不過是拍過一些目錄，或是show girl，一點名氣都沒有……」

Chris立刻接話：「沒名氣沒關係，敢露敢玩就好！」一旁的阿U也嚐過甜頭，開心地說：「那些妹太上道啦！才喝兩杯就說要玩猜丁字褲和內衣的顏色，一點也不嚕嗦。」

阿U沒好氣地接話：「唉！這些妹妹玩起來很大膽，要起東西更是直接！」原來，一群中年男子想利用自己的名聲、地位把嫩妹，卻沒想到，嫩妹也樂於用自己青春的肉體交換一些名牌的享受。

阿U透露，有一天，一個自稱名模的小咖和他玩了幾次，便打電話嗲聲嗲氣地：「我在一家××店，看到好多適合你的衣服，快過來試試！」阿U一聽，心中大樂；雖然那是家昂貴的高級訂製服，但女模顯然有心進一步交往，不然，怎麼會替自己設想得如此周到？

當阿U飛車趕到時，卻只看到女模為他挑了兩件很普通的衣服，另一端，卻有一堆如小山般的女裝和包包。一開始，阿U以為女模會自己付錢，沒想到，女模像鯊魚般繼續在店裡巡遊，卻刻意避開那堆衣服和收銀檯……

店員一直陪笑，女模也沒再拿新衣服，阿U一直坐在沙發上也陪笑……這樣僵持了幾十分鐘，阿U實在覺得尷尬極了，只好站起來付了一大筆錢。

「哇靠！我付完那次錢才又跟她睡了一次，她就說她的心情很亂，想要冷靜一下，就不聯絡了?!」

本來一路很悶的Fran這時發出了嗤之以鼻的笑聲，「活該！天下有白吃的妹嗎？你們啊！小心夜路走多了！」

Chris也笑了出來，「我也中過箭！上次Ken找了那個拍過廣告的『名模』出來吃飯，她看到我桌上的汽車鑰匙和百萬名錶就黏上我了，挺識貨的！」阿U耳朵豎直，急探下文，「然後呢？」

「後來？」Chris沒好氣地說，「跟你一樣啊，不過，劇情豐富了一點。」

原來，那「名模」一開始就鋪梗，說自己和男友剛分手，孤單又沒人疼，講得Chris心癢癢地，兩人要好了一陣，女模便消失；等好不容易找到人，她又說前男友又回來找她，讓Chris急得找她出來吃大餐，還獻上一支鑽錶；於是，那女模笑了，又「可以」先不理她前男友了。

後來，只要一陣子沒送禮，那女模的前男友又會很恰巧地出現，就這麼一直惡性循環，直到Chris驚覺那女模猶如詐騙集團的手法實在太會吸金了，才停止上鉤。

一旁的Ken有如江湖老手，一邊大笑一邊消遣他的朋友：「你們也太天眞了吧！現在的妹就是看你們這種事業有成的中年人什麼都有，而且體力普遍不好，只要跟你們稍微攪和攪和，你們什麼都能給，是最能讓妹簡單獲利的大頭，所以，你們才是她們眼中的肥羊。」

阿U和Chris聽傻了，原來，他們才是待宰的一群？

Ken繼續接著說，「現在的妹很聰明，她們看準了你們這一群自視甚高的中年人，不屑花錢買春；所以，她們只要花點時間跟你們玩些戀愛遊戲，再跟你們睡幾次增加說服力，你們就信以爲眞了！」

Fran止住大笑，揶揄地說：「沒關係啦，U董、Chris董，反正你們付得起啊！」

Chris不解地說：「可是，她們當中不怕將來有一天有名了會留底?!」

「留什麼底？不是看起來像段你情我願的小戀愛嗎？」Ken老道地說：「而且，你們這個年紀的人對上床的看法還停留在石器時代，她們這些小妞早把上床看成是續攤的必要過程，你們沾沾自喜，可是在她們眼裡，不過又是一個外表很高級、內心都一樣的……還是別說太糟的形容詞好了，留點面子給你們，哈哈！」

Fran在此時毫不留情地宣布：「自摸！Nico Nico，各家二十台，外加三朵花，二十三台拿來！」其他三人氣憤難平：「可以不要趁我們在聊妹的時候做這麼大的牌嗎？」

Fran裝模作樣地說，「各位大哥，別生氣，各家不過幾千塊，比買給名——模的一個包還便宜哦！」話才說完，Fran便遭到一堆籌碼的猛攻，丟得他滿身都是，Fran誇張地說：「好爽！好爽！再丟多一點！」

阿U顯然是有點沮喪了，但那顆追尋青春肉體的心仍未停息，「管他的！我要繼續把名模嫩妹，繼續我的長生不老之旅！」

Chris也摸了摸鼻子，「反正，各取所需嘛！我們要正妹陪玩，正妹靠我們妝點門面，心照不宣，OK的。」

Ken對他們的答案也不驚訝，因爲，這就是這群男人的「戀愛」之道，不斷地「付出」，讓大家都開心。

男人四十，原來是嫩妹最喜歡釣的一群；如果享受過歡愉，又何必計較眞心或假意？既然妹妹們懂得滿足四十歲男人的虛榮心，不也讓這群男人多了些熱鬧的日子和最怕失去的被需要、被肯定？

一向狩獵的男人，在四十歲，也成了獵物。

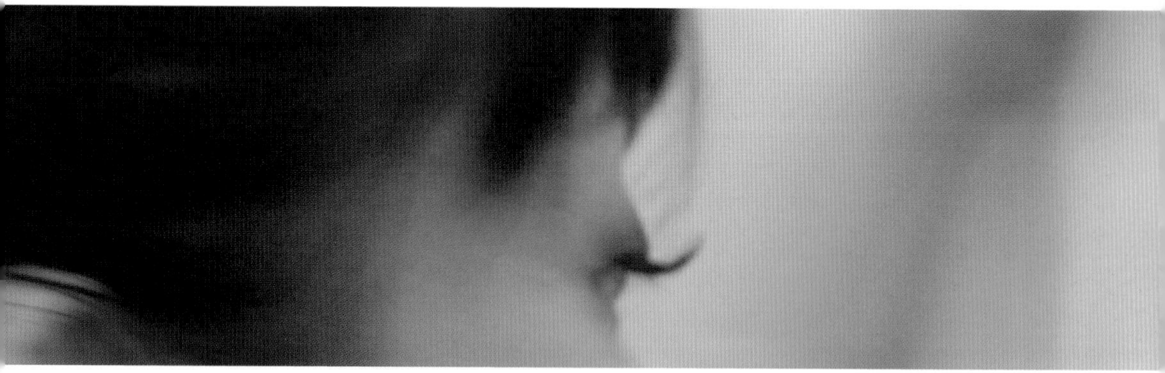

因爲人生不能重來，所以我們需要別人的經驗來防止自己浪費青春、走錯路。

但是，愛情這條路，每每碰到了抉擇的關口，女人總是義無反顧地往前去了；而那前方，是女人憑著一股愚勇，向著最不利己的方向，憑著與生俱來的直覺就去了——就算直覺快速地盤算過一切並不樂觀，女人還是去了。

這一去，要花上幾個年頭？又有多少的眼淚要流？

我相信女人總能在最後獲得些什麼，就算一段失敗的愛情，也能讓女人更成熟、更強韌。

但在此提供一些眞人實事，讓爲愛前仆後繼的女人們看看，能不能減少飛蛾撲火的慘烈，在有限的青春裡，找到眞正相愛的人。

PART 2

W's Stories

A的故事

有一次，我們的一個朋友在街上碰到A，嚇得不敢上前認她，因爲，朋友說，A整型整得太誇張，根本不像她原來的樣子。

A是那種天生面容姣好、身材火辣的典型辣妹，她只要一在各大Party出現，都讓人目不轉睛，更會教大家竊竊私語猜測她是哪個名模或是剛出道的藝人。這樣一位在外表上得天獨厚的女子，哪裡需要整型？光憑這點線索，我便推斷她的愛情生活仍然極端不如意，甚至慘到谷底。

多年前，我是先認識A的男友，然後才認識A的。當時，實在很納悶爲什麼A會和她男友在一起；她美麗痴情，他則是痴肥多情。年輕的她一心想要嫁給那男人，不但勤學廚藝還找起了房子，打算與他結婚共度一生；與此同時，A的男友仍然流連夜店，拈花惹草的事蹟也不是新聞……這一切，A都知道，只是，她選擇隱忍，她選擇痴痴傻傻地待在他身邊。

A的男友是那種典型的渾球。

他唯一的好處是家裡有點錢。但因爲他愛名酒、跑車，三不五時又買個名牌包包向女友道歉，很快地，便入不敷出了。

唯一的優點不見了，A的男友成了十足的大渾蛋。

他開始向A借錢，然後，更得寸進尺地揮霍起A的錢。因爲工作不順利，他喝酒喝得更兇了。不知從什麼時候開始，朋友間沒人看他清醒過；白天是醉的，約他吃個午飯，他便醉醺醺地駕著百萬跑車現身，晚上喝得更兇，A雖然亦步亦趨地跟著，仍勸不動他。

後來，如八點檔般的劇情便發生了。

每個夜店從歡迎他們，到變成有點怕他們。

A的男友本來就素行不良、吃相難看，每次一進夜店就開把，幾乎只要是穿裙子的，他都伸出鹹豬手、擺出一副色胚臉地大膽求歡；一開始，A當他是喝醉了，頂多在一旁碎碎唸；有一次，A實在忍不住了，便在Bar檯破口大罵，罵他、也罵他把的女人。

剎時，整個夜店都凝結住了。大家全往他們的方向看去，男人可能是覺得沒面子，楞了一會兒，突然抓起杯子就摔，沒想到，A不放棄，她那美麗的臉上出現了前所未有的狠勁，似乎想在這裡一筆討回所有的前債。

A眞不了解自己的男人，她忘了，他是全世界最典型的渾蛋！

可怕的事情發生了。

男人開始扁A。他惱羞成怒地推了A一把，A不甘心，繼續狂罵——夜店裡的人當時都爲她捏了把冷汗——說時遲、那時快，男人抓起A的肩膀便往牆上摔！A又痛又狼狽地跌坐在地上，手上還被玻璃碎片割了幾道，她開始放聲大哭，男人氣急敗壞地詛咒了幾句便倉皇離開現場。

他們身邊的朋友想，這應該接近終點了。因爲整個台北城的夜店人口，沒有人不知道這件事，能有幸親眼目睹的人，更是繪聲繪影地口沫橫飛，把事情給傳開來了。不但是名譽掃地，A更是哭得呼天搶地，因爲，自小是獨生女的她備受寵愛，她爸不但從來沒打過她，連對她大聲都捨不得；A漂亮的大眼睛被撞腫了一隻、肩膀有抓傷，臂部和大腿也有刮傷和擦傷，她在找我們泣訴時，看起來是那麼楚楚可憐、心意已決，決定要離開那渾球！

如果當時我們有點警覺的話，便不會口不擇言地說了那麼多。

後來，A還是和那男人復合了。

通常，如果姊妹淘開始執迷不悟，妳也只能默默地目送她進去那無間地獄。

A選擇陪在那男人身邊，因爲她說，男人清醒的時候對她還不錯……還有，他會買很貴的包包送她……

又過了一陣子，聽說他們快結婚了，聽說A逢人便說那新房裡的設計裝潢是她花了多久時間搞定的，一臉喜氣，好像雨過天青般地充滿希望。正當朋友們以爲塵埃將落定，A即將獲得她想要的幸福時，又出狀況了。

原來，A的男人因爲工作的關係認識了一個大陸女生，那女子在社交圈是有名的花蝴蝶，自己已有了未婚夫，卻勾搭上了A的男人；不知那女人是用了什麼迷魂功，居然讓A的男人狠心捨下A，遠走他鄉。

再次看到A時，她一臉憔悴、黯淡地訴說情傷：「他說，那女人很可憐，常被她未婚夫打，所以他想要保護她。」好諷刺！那麼，誰來保護A呢？

「他說，房子他不要了，」嗯，因爲房子是A付的錢，「但是他想把裝潢費討回去……」A看他可憐，於是便湊出了幾百萬，匯給了男人。

這段戀情，花了A六年的青春，和難以估計的財產損失。

後來，A交了幾個男友，都不是對的。而她上夜店的次數也越來越頻繁，酒也越喝越狂。這樣的日子，直到A的爸爸過世才結束。A說她哭得死去活來，一半是因爲父親的離開，一半是因爲她覺得如此糟蹋自己很對不起爸爸。

朋友們希望她越來越好，便對她隱瞞了一些事。

有關那男人的事。老梗，沒創意，但卻是事實。

那渾男人被大陸花蝴蝶耍了一圈。原來，她跟每個男人都說：「你好有才華，我好崇拜你！」還有：「我好愛你，沒有你我怎麼辦？」

男人發現自己不是唯一，傷心欲絕，整日爛醉如泥，突然，他被診斷患急症，差點被宣告不治；後來，命撿回來了，人就頓悟了。

他變成一個好男人了，最近，要娶一個小辣妹了！

A所得不到的，小辣妹花不到半年便得到了。

大概可以了解A爲什麼要去整型了。

Momo's Note

俗話說，浪子回頭金不換。

也有人說，有些女性在談戀愛的時候，習慣以「救世主」角色出現——不斷犧牲、奉獻，企圖用極度委屈自己的方式以求對方能不再匪類、浪子回頭。

於是，女人不斷與男人上演「救世主與浪子」的戲碼。

但是，救世主分兩種。

一種被浪子重傷，另一種，得到千錘百鍊的回頭浪子。

女人應該都希望最後能修成正果，那麼，便要注意時機問題。

一、兩個壞女人不至於打擊得了浪子，通常人在面對重大意外或變故時，才會痛改前非、洗心革面。

二、男人體力好時不會想定下來。血氣方剛的小子進入酒池肉林，當然要好好敗壞一下身體，二、三十歲的浪子，沒玩夠、沒被嚇夠，便還是一枚浪子。

三、浪子的頭還沒回過來時，可以傷人無數、殺人於無形。

所以，偏好浪子類型的救世主們請注意，妳要變成戰火中的砲灰？還是最後收復失土的將軍？

一將功成萬骨枯。

女人太相信感覺，往往一談戀愛，便把大腦放在一旁棄而不用——妳到底企圖感動誰？救救自己的小命吧！

浪子不是不能愛，但要選對時機進場。

C的故事

C從事傳播業，做過不少節目。

她的愛情故事很簡單，一下就可以講完。兩段戀情，各談了八年，一段是初戀，一段是前夫。

她以爲會嫁給初戀，卻沒想到那男人偷偷愛上自己的好姊妹；也在她搬出兩人愛巢後沒多久，她收到兩人的結婚喜帖。

像是一個已被醫生宣告死亡的人在過馬路時又被撞斷兩條腿。

那一陣子，C上班時都是紅腫的雙眼、魂不附體地在同事間移動而已。

她覺得自己應該不會再戀愛了。因爲，她信心全失，覺得自己不夠美、不夠性感、不懂魅惑、不會勾引。

後來，她碰見了他。

兩個人簡直是爲對方而生的契合。他們都愛看書、愛旅遊、極簡主義者，到東京不買衣服鞋子，他們買卡片或素素的咖啡杯。他們經過轉機、轉了好幾趟車，只爲了去那個叫做「幸福」的車站。

他們喜歡同樣的歌手、看完電影後可以聊整個晚上……C又活過來了，她深信，那男人就是生命中那個可以一起走一輩子的人，於是，他們結婚了。

C是一個沒什麼情緒的女人。朋友們很少聽她談起婚姻生活，但可以從她每年固定安排長假出國得知，她和老公過得不錯。

後來偶爾也聽她談起過要生小孩的事，大多是只聊幾句她就沉默。

於是，朋友們以爲一切都好。

直到有一天，她又用那種行屍走肉的速度開始移動時，我才發現，應該有什麼事不對了。

公司人多，C不方便說。下班後，她在捷運站打電話給我：「我離婚了。」

C不想讓太多人知道，所以她選擇靜靜地承受這個痛苦，她努力循著正常的軌道、跟上大家的速度，下班後，再獨自面對又一次的單身生活。

C說得平靜，但事情的背後卻有如一齣八點檔。

C的公婆想要小孩，C的老公不想。但她老公畏於長輩的壓力也不敢在父母面前說實話，於是，公婆便一口咬定是C想要快樂的兩人世界而不願懷孕，所以，每天的家庭生活便充滿了怨懟、爭吵（或者應該說是咒罵，因為C從不敢回嘴），直至公公重病，對C咆哮，C終於崩潰，選擇離婚。

難道，沒有其它的解決方法了嗎？

C說，因爲她是教徒，婚前不能有性行爲，直至婚後，C才驚覺，她老公不是Gay，但也不喜歡性生活。

「結婚六年，他只碰過我三次！」C幽幽地說。實在很難想像，一對夫妻的性愛次數會少於跨年煙火的次數。

男人對於自己性方面的異於常人又不願多談，更不願向長輩坦承；而peace慣的C也不願橫生枝節，於是，兩人只能選擇分開。

Momo's Note

婚前一定要有性行為。

我無意冒犯衛道人士或某些宗教，但如果客觀條件許可的話，兩個成年人除了談天説地、看個性、看興趣、相處磨合之外，性方面的互相了解更是必要的。

因為那將是一個你會和他躺在一起一輩子（如果可能）的身體，你不了解它、不能取悦它，或應該説是互相取悦，那麼，如何達到性靈合一？

許多醫生要求人們應該多擁抱，因為此舉不但影響荷爾蒙分泌，更讓人感覺到愛和溫暖；那麼，兩個相愛的人為什麼不能順其自然地占有對方的身體，互相取暖之外，也能視做愛為一件美事而不是洪水猛獸？

只要這性是互相尊重而安全的，為什麼要禁止？

C親口告訴我，從這樁失敗的婚姻中，她深刻地體認到，婚前一定要試著和對象做愛，不然，有可能會是個悲劇的開始。

J的故事

J在學校時，便是個人見人愛的風雲人物。因爲她聰明活潑、又在各個比賽嶄露頭角，雖然不是美女，卻也有不少學長學弟追求。

J在大一時就交了一個男友。那男人雖然相貌堂堂，卻因爲是家中獨子，享受慣了茶來伸手、飯來張口的寵愛，對J多少有點頤指氣使。

但J跟他在一起六年後，覺得兩人已經很習慣，便順從那男人母親的意思訂了婚。

誰知道一訂了婚，男方家人便把J當下女使用。家務清潔全丟給J，還要求J下班後每天得去煮晚飯。J說，我都還沒嫁過去呢？要眞嫁了，那不是更慘？

訂了兩年，J便選擇退婚。

那男人從雲端跌落谷底，便原形畢露怨天尤人，不斷去J上班的地方騷擾她，直到J有了同公司的新男友。

新男友的問題是，他還未恢復單身。

他雖和處不好的老婆早已分居，但仍未離婚。於是，J便背上第三者的罪名，在公司裡每天接受冷嘲熱諷，頭都抬不起來。

終於，兩人受夠了，就選擇一起遞出辭呈。孰料，從辭職的那一天起，便是J的命運慘跌、永無翻身之日的開始。

兩人原來在一個福利、薪水都很優的大公司上班，意氣用事地離開是因爲J有一小筆存款，兩人想做生意。

男人炯炯有神的眼睛訴說著夢想，J便熱血澎湃地隨之起舞，不斷地撒錢爲他鋪路；一開始，一切都不難，有吃有喝的兩人開心得不得了；後來，男人接連投資失利，兩人又生了第一個小孩，手頭開始吃緊，生活的壓力便來了。

男人越沒賺到錢，心裡便越慌。心裡越慌，錯誤的判斷就越多。

很快地，兩人花光了積蓄、爭吵不斷，但與此同時，J的第二個小孩也來報到。

朋友們心疼J的處境，問她爲什麼不避孕？J害羞地說，因爲她老公不喜歡戴套子，而J也不愛吃避孕藥，「況且，小孩很可愛呀～」J天眞的笑臉樂觀地說著……

貧賤夫妻百事哀。

J的老公因爲諸事不順而變得陰陽怪氣，整天在家打小孩出氣，有一次甚至把才三歲的小男孩吊起來打；J就算看不過去，也打不過老公，於是，三不五時找小孩出氣的戲碼便不斷上演。

J實在走頭無路了，只好往自己身上想辦法。

她借了些錢，打算利用自己的家裡做點小生意。她試過家庭理髮、影印、自己包水餃來賣……但都因爲不夠專業而草草收場。

這個悲劇最悲的地方便是——沒有人設停損點，傷害不斷在擴大。

生活已經很困難了，J又懷了第三胎。

J的娘家無力幫忙，夫家更是急於切割。全家人搬到一個市郊的舊房子、又老又陰暗，蟑螂蚊蠅橫行霸道，小孩更是躺在地板上和來來往往的老鼠玩樂。

J絕望極了。更令她絕望的是，她輾轉得知，那個曾和她有過婚約的男人，因爲被J拋棄後發憤圖強，花了幾年的時間成爲成功的生意人，財產是以億爲單位計算。在J被生活逼得喘不過氣的同時，聽到這樣的消息，更是雪上加霜。

J的男人意志越消沉，J也只能越努力。

J一邊向外找工作，一邊還得找時間顧孩子，心力交瘁的狀況下讓她性情大變。J變成了一個容易怨懟、遷怒他人的怪人。朋友漸漸不太敢與她聯絡，連她的家人在J眼中也變成了仇人。

奇怪的是，J離不開她的男人。

孩子小的時候，J說小孩需要父親；等小孩大了，孩子說他們實在受不了爸爸，舉雙手贊成J離婚，J還是不置可否。

有一天，男人離開了。沒留下錢、無預警地就突然跑了。男人說，他要到對岸去闖一闖，重新做學生，學一些技能……什麼技能？幹什麼？多久回來？孩子、妻子怎麼辦？

一個屁也沒交代。男人想出去透透氣，就走了。走了還一副都是妻小拖住他前進的腳步似的。

女人，只能留在原地，扛下所有的擔子，繼續張羅每一天的生活。

J或許也想要一個屬於她自己的人生，但她從來沒說出口。或許也不知道在哪一個關口，J便被漩渦般的力量往下拉扯，一輩子無力反抗、無力上游。

Momo's Note

人生不可能不犯錯，但怕的是，一錯再錯。

女人們應該可以很快地察覺得到，自己交往的對象是什麼樣的人。

如果當是收集被害、被虐的經驗，那麼，一、兩次，或是一、兩年便已足夠。如果自己無法看清對象的好壞，那麼，妳大可以問問家人的意見，或是找一個妳覺得是良師益友的那種聰明人給點建議；戀愛不能悶著頭談，尤其是即將和妳步入禮堂的另一半，絕對需要審慎考慮。

很多女人說，我就是離不開他，我怕寂寞、怕如果分手了遇不到另一個人，怎麼辦？

言下之意，有些女人是把孤單一人當做是最爛的狀況，比這狀況好一點的、倒數第二爛的才是和爛人在一起。

順序好像搞錯了吧。

請女人們仔細想想，弄錯順序要付出的代價有多慘重。

H的故事

H的事，是我最近聽過最慘的事了。

她是個可愛的女人，永遠微笑對人，臉上常常笑著笑著，便有一朵太陽花亮著。她二十歲的時候像二十歲，三十歲時還是像二十歲；四十多歲了，只要一笑，仍然像是天眞爛漫的二十歲。

她早早便嫁了。嫁了一個志趣相投的老公。兩人一起生活，一起工作，一過便是十五年。

一開始，兩人覺得彼此眞是靈魂伴侶（soul mate），能在生活中談工作，工作中聊生活。

日子一久，卻也出現了不少磨擦齟齬。

他會的她也懂，她做的他也很瞭，心情好時叫做相輔相成，心情不好叫做一山難容二虎。

曾經，他們也努力地想生個孩子。但是，事與願違，女人吃了不少苦，卻仍沒動靜。試了幾年，男人受不了而放棄，兩人便決定仍然過著兩人生活，只是心裡的遺憾就那麼掛在那兒，空盪盪地晃著，雖是決定了，卻沒少過嘆息。

後來，故事出現了大轉折，嚇壞身邊一票朋友。

她出軌了，和一個小她八歲的男人戀上了。

她如果是那種會出軌的女人，那麼海便要枯，石頭會爛，太陽會被月亮吃掉，地球即將反轉。

她的笑容不僅可愛，她的聲音何止溫柔，她的爲人何止誠懇，見過她的人如沐春風，和她合作過的人都讚譽有加。

交給她的事，永遠不必擔心；跟她說的秘密，她的眼神告訴你，她會帶進墳墓去。

如果有任何字眼能和她連上關係，那便是忠心、誠實、永遠不變。

如果地球上要展開全人類外遇可能大調查，她絕對排在六十億名之後。

但是，唉，人生啊，有什麼事是永遠不變的？

她或許是膩了、煩了、需要透口氣，於是，她和那個男人戀愛了。

戀情的一開始，哪有不美的？十五年的婚姻相較之下，如枯木、如古井；老公一成不變的習慣，日益肥大蒼老的外表亦失去了奕奕神采；於是，她覺得，她碰上的這一段，讓她能每天笑著醒來，甜滋滋地睡去，讓她彷彿回到了那最初的悸動，兩人為了一口冰淇淋，都可以興奮好久；那小小的愛情，好像世界被遺忘的夢幻玻璃屋，在屋裡，一個呼吸、一聲輕語，都是上帝給的感動。

一開始，她把這一切當作是小火花，以為一下下會過去，自己只要藏著，仍然可以過著一如往常的日子；後來，她的善良戰勝了一切，她決定向老公全盤托出，徹底坦白，因為，那對愛執著的熾熱，燒得她不忍。

除了對新歡偷偷摸摸的不忍，她比較過意不去的是，對老公說謊的不忍。

於是，她攤牌了，她的老公，崩潰了；因為，她要離婚。

讓她心意已決的便是「純粹」二字。

因為她無法專心地親吻老公，無法再欣賞他的踏實，無法藏得住飛起來的幸福，無法壓住把新歡介紹給朋友的衝動；於是，她要二選一的黑白分明，不要曖昧的模糊地帶。

然而，中年離婚（非自願）的男人，是生物史中最脆弱的品種，當她與新歡慶祝的同時，他不但崩潰、瓦解、變成碎屑再成灰，然後，連塵都不是般地墜落，是那麼地沮喪又自卑，彷彿活著的一分一秒都是多餘，但也不需費力死去；因爲，死並不會比現在更糟，他要更糟，要更糟地活著，才不至於辜負這一切。

他們身邊的朋友都瘋了，沒人能和他說得上話，因爲以前沒看過他這個樣；朋友們便不知如安慰他，只能常常把他拖出來吃飯喝酒。

這樣的局面，誰也沒想到，短短半年內，贏家輸家互換，徹．底．翻．盤!!

她還是從熱戀的暈浪中清醒了，她開始驚訝自己的絕情和不應該，和新歡匆匆道別，草草收場後，便急忙地飛奔回老公身邊，孰料，那離了婚的中年男子，身邊已有了新的女友——一個比她年輕十五歲，也是一個把他從瀕死邊緣救回來的俠女，……沒，戲唱了。

男人沒辦法原諒她。沒辦法接受她。男人可能還在痛呢，怎麼可能療她的傷？

結局是，她丟了一段婚姻，也丟了一段新感情，丟了自己原來規律運行的小宇宙，把自己丟進一個伸手不見五指的黑洞。

如果發生這事的是個素行不良的壞女人，朋友們還不會那麼難過；但是，她從頭到尾是個善良眞誠、從不忍傷害別人的甜姐兒，卻在她將近五十歲時，摔了個大跟斗，沒有轉圜的餘地，沒有訴苦的權利，因爲這一切的一切，你可以說，都是她自找的。

這眞是我最近聽過，最慘的事了。

SKETCH
UP

而對一個有了外遇的女人來說，多半牽扯到的便是有關愛情的層次，那不是高潮之後可以忘記的，更不是自欺欺人可以模糊的。

於是，為了愛情的緣故，女人常逼著自己的身體表態——男人可以不露痕跡地睡過一個又一個肉體，女人不行。

女人不會讓自己不愛的人碰，就算勉強演得下去，絕對很僵硬，很不自然。

「色戒」當中的梁朝偉與湯唯，正充分說明了這點：湯唯愛上了梁，不但說出了真話，救了梁一命，自己還賠上了命；反觀梁，他也愛上了湯，但男人的愛情是遠遠排在工作的後面，對他來說，在女人為他被處決後，能在暗處為她流兩行清淚，便是對愛情最大的致敬。

女人既是感覺的動物，大概也因此而討厭模糊的感覺。

這是天性。但我總希望女人還是要懂得保護自己，謀定而後動，別賠了夫人又折兵。

Momo's Note

從這個故事，女人們該學到的便是在面對感情時，可以有彈性點，可以賊一點。

我並不鼓勵外遇、偷情，甚至對於其所帶來的傷害深惡痛絕。此事能免則免。

但若真的遇上了，能不能請女人們向偷情的男人們學習——不主動坦白，不積極選擇，吃完擦乾淨，拍拍屁股回家。

男人是很怕麻煩的，除了他的生殖器。

他們只想不斷地和不同的女人做愛。等一射完精後，再用盡他們以為的智慧來掩飾，就算漏洞百出仍能唬弄元配；但他們極少會為了與野花的激情而搞到自己無家可歸，能賴就賴，說穿了，便是一個拖字訣打頭陣，再虛與委蛇，靜觀其變。

你應該常常聽到這樣的故事：男人包了好幾奶，正宮只要睜一眼閉一眼，大家便相安無事。男人有了外遇，很少會飛蛾撲火地為外面的女人放棄家庭，因為對大多數男人來說，外面的是外面的，老婆是老婆。

K的故事

K一直覺得，她很能控制大局。

從小不管面對師長、同學，她總展現超乎年齡該有的沉穩，K不太容易被別人影響，或使喚；因爲，她總是做足了功課，充滿了自信。

後來，在感情的路上，她也一直很有自信。

沒有男人能逃過她的法眼。她可以一眼就看穿別人的心思，也可以不動聲色地教訓騙子。

這項過人的天賦，一直沒出錯過，直到K碰到了對手。

那是一個小她快十歲的男人，外表挺體面，只是眼睛常骨溜溜地轉，好像永遠在打什麼主意。

那男人可能深諳求歡之道，不出十天半個月，便擄獲了K的心。

K或許是因爲自己大那男人太多，所以，也不太敢帶他出來和大家碰面。就算大家很少看到他倆在一起的樣子，但都十分確定，K在熱戀中。

K又開始無微不至地照顧男人，不論在工作，或私生活上。

K替他引薦重要人士，又在自己公司安插工作，另外，還常常買那男人負擔不起的名牌給他，把他打扮得像是世界名模。

正當朋友們想替K好好慶祝的同時，卻意外地聽到了一個八卦。

聽說，那男人早已有了一個相交八年的未婚妻，而且，快論及婚嫁。

朋友間傳著這個八卦時，莫不替那男人感到憂心——難道，他不知道K的厲害？他不怕東窗事發惹來殺身之禍？大家都認爲，那男的惹錯人了。

聽說，K還是繼續在熱戀中，還是和那小男人雙宿雙飛。

直到有一天，那男人帶著喜帖到公司去發，大家才傻了眼。

公司裡的同事其實不太瞭他們之間的關係，因爲他們一直很低調；但我們這些朋友，平常看他熱情地摟著K，爲她夾菜盛湯還卿卿我我地，只能說，幾乎都面臨崩潰邊緣。

更慘的是，K爲了不讓同事知道，竟然還硬著頭皮和同事們一起去喝男人的喜酒。

K沒找我們陪她去，她是一個人和同事去的。

聽說，那場婚禮和所有其它的婚禮大同小異：新郎新娘發誓要好好愛對方，新娘爸爸講話時全場哭成一團，新郎被拱用新娘高跟鞋喝酒、還趴在新娘身上吃藏在她乳溝間的櫻桃……

K整晚都在，還笑咪咪地陪大家喝酒，直到曲終人散。

朋友們也以爲，就這麼結束了，K應該很痛苦，不過，也應該清醒了。

誰知道，那男人在婚後半年，又出現了。

不知用了什麼迷魂藥，那男人居然說服了K，兩人又在一起；聽說，他告訴K，他離婚了。

但是，大家都知道他沒有。全世界只有K相信他，因爲K說，他說得出口，她便相信。

K又和他好了一陣子，直到他的老婆找上門。

那個幾乎和男人算是青梅竹馬的妻子，看起來是那麼地善良無助——原來，她並不是來興師問罪的，她是專誠來謝謝K的；謝謝她對自己老公的照顧，謝謝她在老公出差時的幫忙……

K說，當她看著女人的眼睛，是麼眞誠地相信自己的老公時，她彷彿看到了自己。

不同的兩個女人，卻爲了一個男人同樣的謊言而心甘情願。

面對種種可疑的跡象，她們卻不約而同地選擇了相信，她們相信愛情，或是這個男人？她們不肯面對的，是這個男人？還是寂寞？

她們靜靜地坐在一起，打量著彼此，試圖從彼此的談話中找尋一些答案，然後，禮貌地說再見。

K神秘地消失了一陣子。沒有人知道她去那裡，朋友們也好一陣子沒聚會，而那男人，回到他老婆身邊，每天還是大搖大擺地打扮成名模去上班。

K可能覺得氣，但更多的情緒可能是丟臉。

江湖老手居然在陰溝裡翻船，K想必爲之氣結；但後來出現的K，卻對整件事隻字未提，只是像沒發生過什麼事一樣地回到軌道上。

姐妹們本來替她想了不少復仇計畫，但看到她的表情，話全吞了回去。

仍是例行的下午茶，K仍坐在她的位子上，仍然點了大杯的熱拿鐵，仍然點了一片九十九%含量的巧克力。她輕輕咬了一口巧克力，然後說：「我沒有告訴過你們嗎？」大家耳朵都拉得很長，沒人敢接話；K繼續說，「九十九%含量的巧克力，其實不苦，其實……它是酸的……」大家面面相覷，靜待下文。

K又說了，「是我自已，在一開始，以爲它頂多只是苦的……但它本來只是酸，那只是我自己以爲……」

K喃喃地說，那只是我自己以爲……我可以不要這麼做的……原來，K不是不知道。

原來，有時候，謊言太大了，看起來是那麼地眞實；要走出去，很累人的。

離去頭也不回一點也不覺得可惜嗎？

性騷擾防治專家說，有人藉機吃妳豆腐一定要很機警地彈開且大聲喝止——多數女人做不到，因為她們說，這樣很尷尬——所以，女人就任憑男人亂摸？那瞬間的爆發需要的是平日的認知訓練。妳不是做不到，而是平常妳沒有天天告訴自己，如果有一天，自己碰到了，應該超生氣，大聲地揪出色狼，因為，這是妳的權利。妳有權這麼做!!

兇殺案專家也說，其實很多被害人在面對兇手時，生物本能會告訴被害人許多可疑線索——例如，兇手會將門反鎖，進門後左顧右盼，問會不會有人打電話來……那都是逃命的關鍵。專家說，每個人都有這種本能，只是被害人選擇忽略傾聽自己心裡的聲音。

因為不想表現得太疑心，所以失去了自己的生命。

因為不想驚動大家，讓場面尷尬，所以寧願自己的屁股被摸一下——改天色狼把妳撲倒時，他還可以義正辭嚴地說過去妳都不反抗。

因為打著「愛要信任」的旗幟，所以妳不想拆穿愛情騙子，然後盲目地「相信」他，以為自己相信，好事便會發生，卻忘了，他的世界裡，沒有信任這兩個字。

請訓練自己生氣，訓練自己有感情潔癖，訓練自己反抗，訓練自己苗頭不對、說走就走。

Momo's Note

道高一尺，魔高一丈。

有時候，在愛情裡，最難辨的是虛情假意，最難得到的，是一顆真心。

女人大可以用真心去愛，但真心未必換來同等的回報。那麼，一定要爾虞我詐嗎？

防人之心不可無。

我的朋友們碰到這種已婚騙子的比例甚高。那些騙子大不了在被揭穿時耍賴：妳又沒問？或是理直氣壯地說，很多人都知道，所以我以為妳知道。

聽到這種答案的女人也只能為之氣結，因為面對自己用心愛的男人突然變成一個無賴，一大筆感情帳變得不知如何算計；而這樣的男人又有本事瞬間變得像個任性撒嬌的大男孩，心軟的女人因為強大的母性又做不出選擇，多數便只好一路沉淪下去。

女人們，這就是平日自己的訓練不夠。

平常，每一天的日子裡，女人便該不斷提醒自己感情上的原則——哪些男人絕不碰，哪些困境絕不踏進去。

妳能訓練自己到面對帥如金城武但卻是個已婚或花心的渾球時完全冷感嗎？妳能快速穿透外表的魅惑看出騙子的小破綻嗎？看穿了後一定要轉身

只聽女人的故事，難免不夠全面。

男人不了解女人，可以理解，因爲女人眞的太複雜又太天眞，虛實之間，男人必須要有高智商、高EQ才能和女人好好相處。但話又說回來，如果男人這麼了解女人，他爲什麼要爲一棵樹放棄整座森林？

女人若不了解男人，那就眞的太過分。

男人是一種再簡單不過的動物了。女人若是肯下點功夫，必能功德圓滿。

在此提供一些男人故事，妳會發現，其實，男人心裡也很苦。

PART 3

M's Stories

G的故事

G離婚了。大家都很驚訝。而且，聽說他是被老婆休掉的，更讓大家吃驚。

G是個溫和的人。他在一所大學擔任教師，過著平靜又規律的生活。老婆除了不喜歡G偶爾小酌兩杯，但是G又眞的喝不多，所以老婆也不至於翻臉。

G是那種很看老婆臉色生活的男人。只要他老婆一瞪眼，G就垂下頭，然後對她百依百順。

G並不是怕她，而是眞正很愛她，所以才願意提著膽子娶她進門。

G的老婆習慣用「去吃大便」代替「我愛你」，在眾人前拍他後腦勺以示權威；但當然，G的老婆也很愛他、疼他，只是用一種比較粗魯原始的方式去愛。

兩人打打鬧鬧朋友也習以爲常，覺得這就是兩人固定的相處模式，誰知道，他們會離婚？

正當大家在狂猜原因的時候，G突然約大家去喝酒，各路人馬也很意外地一個都沒缺席，齊聚一堂。

酒過三巡後，G突然猛搥胸口大叫：「悶死我啦!!」大家面面相覷，但不忘補上一句：「你們到底是怎麼回事？爲什麼要離婚？」

G的眼眶突然變得好紅、好紅，然後大叫一聲：「都是我不好！」接著便昏過去了。

大家悻悻然地散會，只有阿仁好心地載他回家。

又過了幾個月，G突然有了新女友。這消息更令人不敢置信，因爲，大家相信G根本還愛著老婆！那麼，他到底怎麼了？

朋友們以爲他變了，覺得他自私無情，但和他聊天，卻又感覺得到他的誠懇，這是怎麼回事？

有一天，G又喝醉了，他指著阿仁大聲地說：「他知道，你們問他，快問！」眾人轉頭看阿仁，瞬間有八百種可能快速地被聯想，阿仁又老實，情急之下便脫口而出：「他說他……」G又看了他一眼嗆道：「你說啊，我不怕！快說！」阿仁又氣又急，只好低頭說了一句剛好站在他旁邊的我才聽得到的音量：「他說他不行……但是和新女友行……」

我聽到了。好慘。

男人面對自己的陽具，總是有許多興奮的期待或想望。總是不斷地要誇它大、長、強、久。總是有很多的焦慮和壓力。

像G，可能長期扮演受害者的角色，精神上的男性雄風一點一點地凋零，終於，它再也舉不起來了，然後，G就被老婆休掉了。

離婚後的他想必像是掉進了幽暗的谷底，失去了枕邊人、還被逐出家門，再想到那條命根子，心應該會是涼透了。

這時來個溫柔的撫慰，G頓時又有了一點溫暖，當然一拍即合……又或者，G是想試一試——自己到底還行不行？

你聽得懂這和公狗的行爲差別在哪裡嗎？

若是一般男人在離婚後速結新歡，那難免予人公狗的印象；但是G，他是懷著悲憤的心情去做的，他想知道，自己是不行了，還是只對他愛的老婆不行？

結果很快出爐，G不但可以，還很激情。

G實在不願承認，他居然對自己深愛的老婆陽痿，卻可以和新女友如此開心！

他很痛苦，有時候很快樂，但是一快樂、便自責。

男人，眞的好可憐！女人們可以用魔術胸罩、Nu Bra、整型手術改造一切增加自信，但男人，不行。

不行就是不行。

後來，G還是常喝醉，大家聽他的酒後眞言幾次，都會背了：「我好愛我前妻……嗚嗚嗚……我愛她……」

Momo's Note

男女平權主義對於女人在床上「服侍」男人一定很倒彈。但我認為，「那種」男女平權論調對兩性關係不但沒幫助，反而讓兩性更焦慮。

平常大家會說，施比受更有福，這樣的一句話，為何不能應用在性行為上？

如果女人能主動營造性的樂趣，繼而激發男人的雄性荷爾蒙，反過來他會因為開心然後為女人服務，不是兩全其美、皆大歡喜？更能促進兩性和諧？

女人可以主動、可以主導、一定要讚美男人，因為他們很辛苦：如果不太排斥，請學習口交，並把它熟練到自己也很享受；試著這麼做，妳的男人會愛死。

如果碰到不能解決的問題，去找醫生。

平常要和妳的男人多溝通性方面的態度、感受，把它討論成一種習慣，才不會在關鍵時刻羞於啓齒。

還有，妳自己不喜歡性，但別認為妳的男人不需要。

男人很簡單的。水庫滿了，總要洩個洪。

請女人試著了解男人的這一小塊肉能帶給他們多大的樂趣，然後去尊重它／他的感受，用愛灌溉它／他，自己不累就多逗它／他開心，就這麼簡單。

他媽的中國人對性的壓抑導致性知識貧乏真是害死多少男男女女！去！

L的故事

其實，L是不缺女人的。

他不是花花公子，只是跟一般男人一樣，眼睛永遠在搜尋下一個可能。

他的優點是不猴急。看到獵物後，L喜歡慢慢來——帶女人吃飯、看電影、看夜景，等時機夠成熟了，再帶她去旅行。

他的眼光很準，看上眼的大多不會讓他後悔。

只是這一次，他有點衰，碰上了一個特殊狀況。

他氣急敗壞地電召好友，請大家幫忙想個辦法。

未待大家坐定，L便開口：「糟了啦！她體味太……受不了啦！」朋友們先是一驚，接著便爆開一串笑聲。

L形容那女人的體味，用很漫畫的方式敘述：「如果她的味道有顏色，那整個房間應該是綠霉色的。」朋友們又忍不住狂笑了一陣。

L無助地說：「怎麼辦?!」言下之意，在沒脫衣服上床前，L認爲她是個好女孩，兩人不但聊得來，L也覺得她很可愛、很性感；孰料，她的體味讓他大吃一驚、萌生退意。

「會不會只是忙了一天沒洗澡，所以臭臭的？」朋友分析著，L說，應該不是，因爲那女人的腋下和陰部都有同樣的臭味，是那種洗都洗不掉的……

朋友間也有類似經驗的，紛紛搶著說，聞過的都有一種快窒息的感覺，而且當事人就算已離開那個空間，後來的人都能從氣味的滯留知道她當時走過哪些路徑……如此一來，L的問題便無解嗎？

朋友不斷出著餿主意：「重感冒鼻塞時再去找她喔！」「冷氣和風扇開強一點啊！」「去Motel開房間，叫她先去洗澡啦……」

大家越說，L越沉默。這種事，誰敢和當事人直接明說？不說破，自己又忍受不了，眞是兩難。

L很沮喪，聊到那氣味時，還是一臉的痛苦，整張臉皺得像包子。

「看來，只好ㄘㄟ了哦？」L的麻吉一面吃進一口飯、一面以專家的姿態建議：「可是不能馬上ㄘㄟ哦，還要再約她上床一、兩次！」

這樣的說法很新，讓我忍不住問爲什麼？

只見那位麻吉氣定神閒地以專家口吻說：「只做了一次就bye-bye，那女人肯定很氣，如果她到處去說，唉，我們如果被冠上爛男人的名號，以後把妹就很困難的啦！」

哇～！原來，男人眞的好辛苦。既不能直接和女人說：「妳很臭！」又不能立刻逃之夭夭；居然還得繼續委屈自己的感官虛與委蛇……唉！眞可憐！

看來，L的沮喪不只是失去一個可愛的女人，而且，還得再入虎穴、受其「薰陶」，至少……嗯，兩次。

男人，眞偉大。

Momo's Note

女人啊，從這個故事，我們必須做到一件事——勤於清潔自己，並且有一、兩個敢直言的朋友。

自己的氣味決定自己的桃花。這句話相信沒人反對。

但是，有部分身懷異味的人確實聞不到自己的味道。可能是習慣，也可能是「久入鮑魚之肆而不聞其臭」的麻痺。所以，我們很需要一個敢向自己直言的朋友。又或者，自己應該常常聞自己的腋下或內褲，做個定期的自我檢查，才不會薰死一缸子人而不自知。

乾淨、好味道，真的很重要。

不然，空有一副好身材、好學識、好個性，最後卻敗在內褲褪下的那一刻，功虧一簣，太可惜。

R的故事

七年級的女生，到底有多大膽、多迷惘？R的故事可以略窺一二。

R是個老實的上班族，生活規律單調，更遑論交女朋友了。眼看青春就要虛度，R居然在網路上認識了一個妹——一個只有二十歲的正妹！更奇怪的是，R居然在資歷不淺的網交經驗中第一次有人回覆，就居然是一份如頭彩般的禮物。

相交沒多久，小女友便懷孕了，R不疑有他，便娶了她。孩子生下來，是個女兒，R把她當小情人般地疼愛。但也在一年過後，R突然有了不對的感覺。

R在家裡老是覺得哪裡怪怪的，很不對勁，再加上看老婆也總是神情有異；

終於，R去裝了監視器。

不出所料，R拍到了老婆跟一個男人上床的證據。

朋友們為了挺R，紛紛跳出來要幫R痛扁那個睡到家裡來，完全不把R放在眼裡的爛男人，於是，在一次確定那男人又到家裡去時，R和朋友們立刻回家要堵那個男的！眾人氣沖沖地站在門口，站了一個多小時也沒見人出來，正在面面相覷之時，R鼓足勇氣說要闖進去看一看，大家只好目送他進家門。

隔了一會兒，R出來了，他的表情很詭異，大家忍不住問：「人呢？」

R楞了一下，緩緩吐出：「沒有人在裡面。」

天啊！這是怎麼回事？

R後來回去檢查帶子，確確實實是拍到了那男人啊……怎麼……怎麼只見他進來沒見他出去？

後來幾天，R又等到機會，那男人又出現在鏡頭上，還是大同小異……但是……R推想：「會不會……那男的還在房裡?!」

是的，那男人躲在R和老婆的床底下生活。

不知道他多久出去放風一次？三天二夜？還是更久？

我們沒辦法知道更多的細節，因爲對R很殘忍。

但更殘忍的是，R回頭一想，「如果老婆私生活如此混亂，自己跟她認識沒多久就懷孕結婚……孩子是我的嗎？」

R想起媽媽抱起孫女常唸一句話：「ㄍㄧ ㄍㄨˇㄞ，這囡仔奈生得不像溫刀狼啊？」於是，R去驗DNA。

報告出爐：「那個和他已有感情的女兒，身上的DNA，百分之九十九點九與R無關。」

R崩潰了。他覺得自己快炸開了！他無法思考接下來該怎麼辦？

這樣的故事若只是個小說劇情，聽者大可驚呼一聲後忘了它；但它是眞眞切切發生在我們周遭的人生，不免讓人覺得無助又難過。

R後來離婚了。孩子也給了前妻。

又剩下R一個人了。

他還是回到原來的軌道上，日復一日地上班下班，沒人敢問，他到底過得好不好……

S的故事

S是條快樂的小公狗。

他之所以可以這麼快樂的原因，應該不是因爲他的外型、也不是因爲他有部跑車、更不是因爲他對妹都很大方；像S自己說的，現在的妹，太・上・道了！每週在台北的幾家當紅夜店，總是能看見S穿梭哈啦的身影；上一秒他還在Primo，下一秒又可以在18看到他。

而且，每晚，只要他想，都可以帶妹回家。

S跟我們吃飯時，總免不了要配上他的夜店傳奇來下飯。

S以一副性學大師的口吻替我們上課：「六、七年級的妹，很好上，但也要很小心。」

他說，那些妹都瘦瘦的、穿很短很緊很露、妝很濃、髮色跟著日系、眼妝也都大同小異……光是這魅惑的外表再加上Nu Bra和不時露出的丁字褲，哪個男人看了不血脈賁張？

「但這都不是重點！」S神秘地說：「厲害的是，男人都還沒開口，這些妹就不費吹灰地自動爬上床！」看他一副很爽的臉，雖然大家有些存疑，但還是嚥著口水聽下文。

不能怪我們這些朋友不厚道，實在是因爲S不高不矮不胖不瘦、又沒啥記憶點的臉，他就是那種路人中的路人，過客中的過客，這樣的男人，爲什麼可以殺遍夜店無敵手？

「實在是因爲這些妹，太．上．道了！」S又強調一次。

S說，現在的妹主動程度讓他覺得自己好像活在A片裡。

他談到最近碰到的前三名。

「第三名花了比較多時間，但也是她主動坐過來喝酒搭訕，主動把自己灌醉，再哭訴自己男友冷落自己，然後，便拉S的手來搓揉自己的下體……」

聽到這裡，我嘴邊的花枝丸不小心彈射了出去。

S更得意地炫耀：「第二名只說了三句話！」她說：「嗨！你好。」自我介紹後，妹搭著S的手臂：「哇！這麼硬的肌肉……」第三句話是，「你其他地方也這麼硬嗎？」……

大家不敢置信地驚呼：「哇塞！就這樣？你就睡到了?!」

在場已婚的男人紛紛舉杯互乾，一面搖頭大嘆生不逢時。

這已經夠猛了，大家根本無法想像，S口中的No.1到底用了什麼招？

S抬起他的雙下巴，驕傲地說：「可能我在夜店妹界的口碑還不錯，所以她們都會在我身邊繞一下……」

這點大家實在沒興趣，便逼他宣布No.1。

S說：「那妹靠過來喝酒，只在我耳邊講了一句話，我就帶她回家了！」

那句話是：「我的洞超緊的，要不要試一下?!」

S說，哪個男人受得了這句話？那妹一講，他整個畫面都出來了，擋都擋不住。

只有我好奇地問：「那……結果眞的很……緊嗎？」

S喝了一口茶，嘆了口氣：「還好啦！其實也沒那麼緊……而且，第二天一醒來，哇嗚，妝花掉以後才發現是個恐龍妹！」

大家除了一陣爆笑，更立刻陷入一陣沉思。

一臉羨慕的M說：「原來！時代改變了！妹變成男人了！」

是的。這些七年級生，主掌她們自己的性生活。她們認爲，她們可以。她們選自己想睡的人。睡完後也不纏不黏。因爲那些男人，她們很清楚地知道，只是睡睡而已，又不是要長相廝守的人，何必認眞？

說到最後，S語重心長地說：「所以，到最後，是誰玩誰?!」

S說，各取所需囉！年輕的妹找有錢的中年男子要生活費，甚至前仆後繼地去陪娛樂大亨、上流社會名人吃飯喝酒，圖的便是有一朝能飛上枝頭或變成國際巨星。而男人，有點小成就、小能力的男人，爲了搜集更多的性愛經驗，紛紛找已經可以當自己女兒的對象上床，一個變態的食物鏈於焉成形。

聽起來，在這條鏈圈中的人們，似乎已經沒有什麼不適的症狀，沒有一點點不忍或自責，沒有盡頭，沒有明天……

Momo's Note

看完了S&R的故事，大概可以知道部分六、七年級女生的生活。

正當五年級女人感嘆自己生在壓抑的年代、對象難覓時，那些年輕小妹妹卻正揮霍美好的青春，用她們認為最流行的方式使用她們的肉體。

我一直不太願意去討論或批判她們的方式，因為，錯不在她們，她們只是在都會叢林中故作鎮定、卻無力反抗的無助孩子。

她們的父母呢？從小到大，她們知道什麼是愛嗎？她們在濃妝艷抹的背後、在陌生人的身體下，沒有一點點的害怕嗎？

十六歲就坐檯、十八歲便睡人無數，那麼，她們的二十歲、三十歲，又會是什麼樣子？

原來，那放浪的形骸，是無聲的抗議，是對許多事情的失望，是對愛的無知，又或者，是對愛的渴望。

那麼，這一輩子，誰來給她們愛？而她們對於其他無辜受害人的踐踏，又將傷害擴大到什麼難以收拾的地步？

Kimox

PART 4

They

ELLE專欄收藏

愛從來就不只一種

二十歲的女人，青春正好，對愛情憧憬、好奇和渴望，雖涉世未深，但仗著年輕就是本錢的勇氣，面對未知的坎坷或幸運，總是天不怕地不怕地自信。

三十歲的女人，有了歷練，也成熟不少，已能分辨男人的種類，也較能分配愛情在生命中的比重，在職場上的自我實現或能填補其它方面的不足，就算心中小拉警報，但看到名女人們晚婚晚生，還能勇敢面對一個人的人生。

四十歲仍單身的女人，甚至在生活、工作範圍內舉目四望、拉長脖子都看不到可以牽手的對象時，難免有一種生命之火越來越黯淡的焦慮，那麼，到底是死了心準備「收攤」，還是仍抱著希望？

日本作家稱這樣的女性爲「敗犬」，但我看看身邊這樣的女性，不但稱不上

「敗」，還優得不得了。

她們分布在各行各業。有傳播界的大製作人、台長，或是銀行界、保險業的女強人，也有老師或教授。

不但學歷高、面貌體態更是保養得青春可人，年過四十還找不到伴，大部分的她們還是懷抱著希望的。

很妙的是，她們幾乎都向「外」求。

有人上網去結交各國異性，有人找到假期就去異地來個「Love Stay」，問她們爲什麼找外國人？答案很妙——因爲外國人比較看不出東方人的年紀，就算後來知道了，也不在乎什麼「姊弟戀」或「母子戀」，言下之意，老外還是比較浪漫、沒包袱。

而大部分的她們，也都還和家人住在一起。家人雖然心急，卻也知道不能病急亂投醫的道理，只好對這個問題睜一隻眼閉一隻眼。

倒是W最近有了更深的體悟。她說，不一定要結婚，有個伴就好。

原來，W的母親上個月過世了。喪禮上，只有四個兒女鞠躬，W的父親根本沒出現。

身。

她的父母也不過離婚幾年，當年還是因爲父親有外遇，不要這個家，走時還帶走一大筆錢，那是W的母親賺了一輩子才有的積蓄，孰料喪禮時，父親仍未現身。

W說，她的父母好歹也結婚在一起三十幾年；末了，她看不到父親對母親的愛，只看到母親一個人的遺體，孤伶伶地被送進冰櫃，上下左右躺的都是陌生人。而火化後，一個完整的人只剩下半鐵盤的骸骨；媽媽辛苦了一輩子，那個躺在一起三十多年的枕邊人，杳無蹤影。

「結婚不一定好，嫁不對人更淒慘。」W說，只要有伴就好，不管是牌咖、精神伴侶或是好姊妹，能相知相惜地一起走完一生，「反而是充滿愛的旅程，結局也能比較溫暖，這樣不是更好？」W的眼睛閃著淚光說。

聰明的女人啊，對愛固然永遠不要放棄，但別忘記，愛不是只有一種形式，能疼惜妳的也不會只有一個叫做老公的人，放開心，好好地享受人生去。

關於承認這件事

我始終覺得，人生的許多態度，能越早想清楚，越早建立越好。比如說，「承認」這件事。

越敢勇於承認，人生就越少麻煩、不必繞個大彎。這裡說的「承認」，不是那種道德上的，不是那種小時候和爸爸承認砍倒櫻桃樹長大以後可以選總統的；這裡要談的就只是「情感上的面對與坦承」。

中國人是個不善於表達情感的民族，不管是古時候或現代的教育，都要這些「未來的主人翁、社會國家的棟梁」成才成名成功，鮮少有教育學者或教材顧及個人人格特質的成長或情感學習；這或許也說明了爲什麼常常在社會新聞中可以看到高學歷的知識分子難過情關，要不就自殺，要不就提著桶硫酸發狂地要分手情人同歸於盡；縱有滿腹經綸，下半輩子也只能寄身於囹圄。

關於情感的表達，要學的實在太多，就先從承認開始。承認，其實很簡單、也很難。

承認愛一個人，承認不愛一個人，承認愛上一個不愛你的人，承認愛上一個不適合你的人；承認妳愛他只是寂寞得要死；承認妳想結婚只是怕不嫁別人會用異樣眼光看妳；承認你就是喜歡波大無腦的花痴；承認你愛她愛得很卑微……怎樣，難不難？

在情感上，你了解你需要什麼嗎？你又敢理直氣壯地向前伸手去拿你要的嗎？更重要的是，當你手上的愛並不是你眞正想要的，你敢拋棄嗎？

太多所謂爲負「感情責任」的人，就是因爲少了坦承面對的態度，不敢聽自己心底眞正的聲音，以致虛與委蛇、惶惶度日，終致日積月累、剪不斷、理還亂。屆時，不但自己不開心，那位貌合神離的伴侶也無法得到一份眞正安心、眞正讓自己快樂的感情，請問，誰眞正快樂了呢？誰又眞的負了什麼責任？

很多人都是在失去親人或自己生小孩之後，才驚覺自己過去壓抑了多少感情而悔不當初；更多人在失去眞愛後才深刻地體認，自己因爲不願承認而犯下了多愚蠢的錯誤，甚至造成一生的遺憾。

之前我在台灣大學的巡迴演講時，不斷提醒學生們一個原則：Follow your heart。原因無它，想要做好一番事業、談好一段感情、擁有開心的人生，不二法門很簡單，就是勇於面對、承認，不違背眞心而已。

求偶作戰大不同

爲什麼在情場失意的男男女女當中，女人往往要比男人失意一些？

那是因爲，現代亞洲女性在兩性平權、教育普及、經濟獨立之後，仍然在愛情遊戲中不得不處於被動（至少是在表面上）使然。

在一次與友人的晚餐中，我充分見識到男與女在求愛方面截然不同的攻勢。

當晚用餐席間，一位女服務生專門幫我們烤肉。因爲她長得滿正，當場不論單身、有女友、甚或已婚男士，都紛紛跳下來加入「圍捕」的行列。

「妹妹，長得好可愛哦！幾歲啦?!」單身的N先發難；「對啊！妹妹，幾點下班啊？要不要去KTV？」已有熱戀中女友的K也毫不猶豫地接話；一旁的B見情勢明朗，更是出言挑弄：「吼！不公平啦！妳都分給他兩塊肉，我只有一塊！」三言兩語間，已把那位正妹逗得羞紅了臉；最後，已婚的好好先生E，居然也跳下來，大聲說道：「我們來猜這瓶酒有幾度？猜最準的可以親妹妹一下！」「轟」地一聲，大夥兒笑開了，不過五分鐘的時間，妹妹已傻楞楞地站在那兒不置可否地等待「宰割」！

男人，厲害吧！彷彿是草原上的一大群土狼，看見獵物群起攻之，我就算不太想吃，也會幫你圍，因爲我們是麻吉，爲了兄弟，打打嘴炮算不了什麼！

場景跳開，到了另一場求偶戰局。

一位向來敢做敢當、敢愛敢恨的新時代女性，有一晚在Lounge Bar裡碰見了一位她心儀已久的男子，她開心地向前，陪坐在一旁喝香檳，這都還是她做得到的範圍；但是，在眾目睽睽下，她敢做的，也僅止於此——拿著香檳杯，客氣地陪笑。

後來，男子表示差不多要先行離去，女人則連忙留他下來，要他再陪她一會兒，然後便不停追酒。

男子不明白爲何女人突然狂飲，但基於紳士風度，便耐心地陪她；終於，女人出現了一些醉態，便央求他送她回家。

一路上，在男人的車裡，女人不斷泣訴自己的男友有多不重視她、多不愛她，哭得梨花帶雨楚楚可憐，搞得男人心慌意亂，也不知自己該採取何種行動；眼看女人的家已經到了，男人也只好停車——搞了一個晚上，女人到底想幹嘛？

終於，女人發動攻勢了！她突然將頭倒在男人的大腿上（別忘了，還有硬邦邦的手煞車上！）。繼續哭了起來，然後開始撫摸男人的大腿！

一時之間，男人受寵若驚，實在不知該進還是退，便試探性地把手放在女人的腰部；想不到，看起來已喝醉的女人居然嬌嗔：「啊～！（帶鼻音），你不要摸我的肥肉啦！」說完便抓起男人的手往自己的胸部一擺！哇！此刻男人才明瞭這整個晚上是爲了什麼。

請問，各位看出這兩場求偶大戰的差別了嗎？

女人在大庭廣眾下，還是得像個文明人。她們不敢太放蕩、太直接；除非假借酒醉之名，否則怕引來他人（尤其是同性間）的訕笑與辱罵。

就算到了只剩兩人獨處的空間，女人還是得鋪梗、說故事、找原因、演角色，然後才能「順理成章」地有肉體接觸——但這一切的前提，必須有個「安全保障」，保障以後這個男人若拿出去誇耀，得有個「良家婦女」的自保藉口，那就是：什麼？有嗎？哎呀！那一晚我喝醉了啦！

你可以說，女人是比較進化的動物；因爲她們必須要觀察、僞裝、匐匐前進、聲東擊西，然後才將獵物撲倒，但在單身女性天天嘆好男人難找的同時，或許大部分女人還挺羨慕母猩猩求偶的單刀直入——只要把發紅的陰部秀給公猩猩看，他便知道妳要做什麼了！

非關男孩

宣布第二胎懷的是男孩之後，我才突然驚覺，台灣仍是個性別歧視非常嚴重的地方。

首先是推波助瀾的媒體。

在我錄影空檔，他們來訪。空氣中頗有一種要揭曉金鐘獎的凝結、緊張，當我告訴他們：「是男生。」的時候，幾乎可以看到他們臉上戲劇性的笑容，接著，便是此起彼落千奇百怪的問題：「哇！那李仁哥一定『很』高興囉？」「那你要不要打電話告訴某女星，告訴她妳懷男胎，她一定壓力很大！」「恭喜妳！妳一定用了很多秘方吧？」……

就算我努力地解釋，男孩女孩一樣好，李仁甚至比較愛女兒，我們生第二胎不是爲了要生男生，而是爲了不讓一個孩子太孤單，更可以讓孩子不要一黨獨大、教養可以均衡；最後甚至附上了自己血淚交織的成長故事——「我就是出生自一個有三個女兒的家庭，在那個年代，母親飽受壓力，父親更是毫不留情地不時藉此爲題攻擊母親，甚至恫嚇我們女孩無用、不如輟學去當女工等等」，第二天見報的大標題或「故事」內容，皆是以我有多開心，不用再拚男胎（奇怪，我從來都沒說過我要拚男胎！），旁邊甚至列表其他女藝人拚男失敗的紀錄，然後，再加上一張我笑得燦爛得不得了的照片——這一切看起來，都有點我勝利了、贏了，而且正在嘲笑那些辛苦女藝人的意味。

更慘的是，我接到了經紀人的電話。

她氣急敗壞地訓誡我：「陶子，妳自己也是女生，怎麼可以如此耀武揚威地重男輕女？這對社會風氣有多不好的負面示範？妳要注意妳的一言一行……」我來不及插上任何一句話，就被訓了一頓。

接著，便是醫護人員告訴我的悲慘故事。

他們一面恭喜我，一面說著看到許多孕婦因爲知道自己懷的第二、第三甚至第四胎是女生時，不但放聲大哭，一旁的先生臉更是臭得像大便、有的甚至當場走人。更有的如八點檔劇情，婆婆直接在一旁翻白眼：「乾脆去外面找別人生算了！」

最後，還有許多路人的反應。

電視台的警衛幫我推門，邊關心地問：「生男生女？」知道是男的後，彷彿他也鬆了一口氣：「那好，那好，不用再生了！」我實在無語。也有人緊緊抓住我手臂，或是透過各種關係來向我打探懷男的秘方；這一切的一切，只讓我傻眼——原來，八點檔演的並沒有誇大；原來，台灣雖然教育普及，人們重男輕女的落伍觀念，仍和五十年前一樣。

我們不是很崇洋嗎？爲什麼在這方面不學學老外？

西方人在做產檢時，大多數只問健不健康，有些人甚至要求不要知道性別，想在臨盆時給自己一個大驚喜；而且，你聽過湯姆克魯斯或葛妮絲派特洛哀怨地說他們生的是個女兒的消息嗎？西方人也不像亞洲人盛傳各種奇怪受孕姿勢或野味補品來求男胎，更沒有什麼替某某姓氏留下一脈香火的觀念——老實說，教得好不好比較重要！

你要生一個會洗錢的男孩，還是要生一個讓國家在奧運揚名的跆拳女將？

可見，我們有了陳文茜、陳敏薰、大小S、林志玲等傑出女性的努力示範，大家表面上讚許，私底下，還是免不了遺憾她們少了一根於事無補的陽具。

女人不壞，男人不愛

「女人不壞，男人不愛！」到底女人要多壞，男人才會ㄉㄧㄠˊ住？這句話裡說的壞，又是哪種壞？該怎麼使壞才能人財兩得？相信這是許多宅女、熟女、嫩女、慾女所關心的話題。

狹義地來講，把倪震、周慧敏搞得方寸大亂的女大生張茆，應算是箇中翹楚。敢露、敢秀、敢大聲搶人男友，還在公眾場所與倪震「打茄輪」超激舌吻，種種大膽照片充滿了性的暗示與誘惑，相信應是眾家男人們床上的女神，更是大多數男人們對女人「壞」的定義。

當然，這是勾住男人的原因，但還不是全部。

我認爲的女人不壞，應有更廣更深的涵義。

朋友A是個身材火辣的熟女，雖然她在職場上是理智冷靜、能獨當一面的女強人，但總在情場上稍嫌被動客氣，老是在禮讓，所以老是在吃虧。

有一次，她和男友一起坐車，說要去載一位公司的女同事，結果那女同事一上車，雖然坐在後座，卻不斷伸手到駕駛座來遞東西——當然，還會不經意觸碰到她男友，當下A當然覺得有點怪，但又不便當場發作，只好當沒看見。

事後A告訴我，我火冒三丈：「碰什麼碰？叫她手拿開啊！不然等她下車也要質問妳男友，他們到底是什麼關係啊！」A羞澀地笑笑說算了，而且她強調，她是在意的，但不好意思說出口。

看著平日在職場上殺敵無數的她竟在愛情面前收刀，眞讓我傻眼。

該問的不問，敢嗆的不嗆，後來果然出亂子。

原來，那女的才是那男的老婆，我的朋友A不明不白地成了第三者。這下，許多話她更問不出口，只能暗自舔舐傷口。

看來，A錯過的不只那次機會，應該有更多令她懷疑的蛛絲馬跡，都讓她的不好意思給帶過了。

朋友B的丈夫一直都是作息正常的乖乖牌，下了班哪兒也不去，直奔回家帶小孩，羨煞一缸子周圍的女性朋友。

不過，B的老公最近交了幾個談得來的新朋友，便常常聚餐喝酒。酒一喝開話一多，往往忘了回家的時間，一週總有個三、四天是喝到清晨才回到老婆的懷抱。

B憂心忡忡地問我：「怎辦？好怕他身體喝壞，又怕他開車危險……其實，我也不喜歡他這樣喝酒，他過去十年喝的加起來都沒有這一個月多！」我聽了急，就說：「那妳就打電話催他回來啊！」B聽了，只給我一句：「不行啦！那太不識大體了！」

識．大．體。

我終於找到關鍵字了。

這兩位友人都是五年級前段班，原來，在她們的心裡，覺得一個好女人，應該要識大體。

而識大體的意思就是，不吵不鬧、不說出自己真正的感受，不能把自己的需要擺得比男人還前面，不能讓別人看笑話，要不然會被說小家子氣，不識大體。

很巧的，這兩位識大體的女性都是五年級生。眞該勸她們睜開眼向七年級女生學習——該生氣時就用力地生氣，該撒嬌時便不要臉地撒嬌。

要知道，男人有時也挺愛被盧、被索吻、被在大街上摸屁股。

適量的壞，絕對抓得住他。

新母系時代

上個世紀末，女人們常聚在一起討論的是：好男人在哪裡？聽起來幽幽怨怨，無奈又無助。

但正如電影「侏儸紀公園」所說：「生命自己會找到出路。」女人，更是會爲自己找到出路；就我的觀察，新母系社會正在產生。

最近我身邊一票不滿三十歲的輕熟女，竟不約而同選擇了不要男人、只要小孩的生活；一開始，我盡量進行道德勸說，企圖以「小孩需要在有爸有媽的健全家庭裡長大」來曉以大義，但後來，我卻漸漸被她們說服了。

A今年才二十八歲，她卻覺得自己老了；再加上之前卵巢有過病變，所以她對這次的意外懷孕，堅持一定要生下來。

朋友們都很替她擔心，因爲以A的姿色，過去有不少富商大賈拜倒在她的石榴裙下，又是送車又是送房，讓A累積了不少財富；過去的肥羊她都不想嫁了，這次，卻栽在一個從網路認識的小毛頭手上。

那個小毛頭既無穩定收入，又不夠體貼溫柔；居然在兩人日本蜜月時，不肯陪A去買嬰兒用品，情願在飯店睡大頭覺；更在遊迪士尼時不勸阻懷胎三月的新娘坐自由落體而差點流產；清晨還挖起新娘去築地吃生魚，理由是來都來了，不玩太可惜……唉！

A的朋友在一次聚餐時圍攻那名小毛頭：「你說你有什麼優點？嫁給你有什麼好？」，那小男人回答：「咿？妳們不覺得我長得很帥，很像郭富城嗎？」言下之意，A還算賺到了！

我問A爲什麼一定要生？她說，除了生理的原因，「媽媽、婆婆都要這個孩子；我自己也想要，大不了，我自己養！」

B和C不過是兩個二十三歲上下的小女生，她們卻都各自有了小孩，過著媽媽人生；經濟來源是同一個有錢的老闆，是的，她們是他的情婦、他孩子的媽，卻不是身分證上的配偶，在朋友間也不能被稱爲「某」太太，但她們都甘之如飴，非常享受這樣的生活。

在她們眼裡，名分身分沒什麼重要，反正生個小孩就有兩克拉以上的鑽石及歐洲頂級房車，小孩穿的用的全是名牌，還可以和政商名流的小孩上一樣的潛能開發學校；她們用的保養品是法國名牌，穿戴的不是LV、Gucci便是Hermès，三不五時還可以出國旅遊；男人為了怕麻煩，要不安排B去美國讀書，要不資助C去開店，她們的人生不愁吃穿；至於小孩的爸偶爾回來，就當他去出差就好了呀！

B和C都成長自單親家庭，認為母親可以一人撐起一個家，讓她們無憂無慮、快樂長大，那麼，現在有個凱子提供金援，她們也可以好好帶大孩子。

D已經四十歲了，身家上億，但老是遇到遊手好閒又擅長劈腿的小狼狗，與其每次都傷心，她乾脆花錢借種，打算自生自養；你懷疑她的教養能力嗎？工作上什麼大風大浪沒見過？能彎腰能低頭能帶領大企業管人事管錢……還有什麼能難倒她？

E是個二十四歲的小女生，小孩已經兩歲，一樣來自單親家庭；小孩是她和前男友生的，結婚前夕E覺得他不是個可依靠終身的對象，便臨時決定把他休了。現在，小孩白天給她媽媽帶，她努力賺錢，雖然辛苦，但她一點都不後悔。

找不到好男人？那已經不重要！重點是，女人不會原地踏步太久，她們自有辦法。或許有男人會說，就算不靠我們的錢，也得靠我們的種吧？

請查科學新知，現在從女性的細胞裡已可培養製造出精子了；所以，男人們，請努力學著當好男人、好爸爸吧！

女人的私密派對

布蘭、夏綠和凱莉，三個人在老地方已經等了二十分鐘，還不見莎曼的蹤影，開始有點不耐煩，但是因爲莎曼信誓旦旦地保證，今天的「分享」絕對刺激、香艷，搞得三人坐立難安卻捨不得離開。

每個月兩次的「分享大會」，不外是女人們最私密的、最大膽的交流，因爲，她們約定，就算彼此已爲人妻、爲人母，仍然要作個狂野享樂的快樂女郎。

好不容易，莎曼戴著大墨鏡出現，雖然頻頻抱歉，卻也忍不住嘴角的笑意；「怎麼，看妳的樣子，才剛『大戰』完嗎？」布蘭沒好氣地問；莎曼說得驕傲：「那還用說，自從我做了『那件事』，床伴增加了十三位，每一位夜夜來敲門的次數激增，高潮更是一波未平、一波又起呢！」

小小的餐廳，頓時掀起一陣驚呼，然後又意識到自己的失態，四位熟女便把頭靠在一起：「快點說！到底是什麼秘密武器？」只見莎曼神秘兮兮地從背包裡拿出一片綠色的硬塊，上面黏有不少的毛髮，更可見到一大堆清楚的毛囊；「哎喲！搞了老半天，不就是除毛嗎？」夏綠失望地說：「看清楚點！這可不是腋毛哦！」莎曼誇張地晃了晃手中的蠟片，「了解了嗎？Girls？」

頓了幾秒，三人同時意會過來，這次的驚叫更大聲了!!「天啊！妳眞的去做了？痛不痛？」「什麼形狀？會不會刺刺的？」另一人又插嘴：「不會尷尬嗎？修毛師父是女生嗎？要用放大鏡嗎？」面對排山倒海的問題，莎曼啜了一口咖啡，慢條斯理地回答：「痛！心型！不刺！不會！我希望那師父是男的！」

三人又捶又笑了一會兒，才有機會讓莎曼好好報告。

「妳知道嗎？就是先塗一層保護油在私處，先微微修過，然後再上熱蠟，天啊！那小姐還一邊上蠟一邊幫我用扇子搧，我覺得好像在烤魷魚哦！」接著，莎曼形容，平躺時朝上的部位陰毛修出形狀，有水滴、心型，還有一般的修窄；但那個如水蜜桃般朝腳底的部位更遭受了「滿清十大酷刑」，莎曼說，因爲那個部位較敏感，塗蠟時已有灼熱痛感，但接下來的快速拔除才眞叫人頭皮發麻，鼻頭額頭都會瞬間冒出小汗珠，「但是，這一切都是值得的喲！」

莎曼一向是性愛至上的慾女，她所謂的「値得」，大家都了解是什麼意思！她接著更得意地說：「妳想，原來混沌未明的黑森林，突然變成幼嫩的水蜜桃，無論在視覺、觸覺上，都有豁然開朗的全新感受！」莎曼並不打算停，她嚴正地宣布：「姊姊妹妹們，如果妳的男人從來不到『下面』去，快去修一修吧！」

三人面面相覷了一會兒，動作一致地拿出手機，抄下號碼，然後目睹莎曼接了一通「戰友」的急call，揚長而去。

布蘭突然清了清喉嚨：「其實啊！這在古埃及、希臘時代就有了，除了有美化陰部效果，更與宗教或政治有關；很多外國人也覺得陰部修毛、除毛是一種衛生、有禮貌的行爲……還有，」凱莉和夏綠兩人同時示意要她住嘴：「別說了，要不要一起預約？」

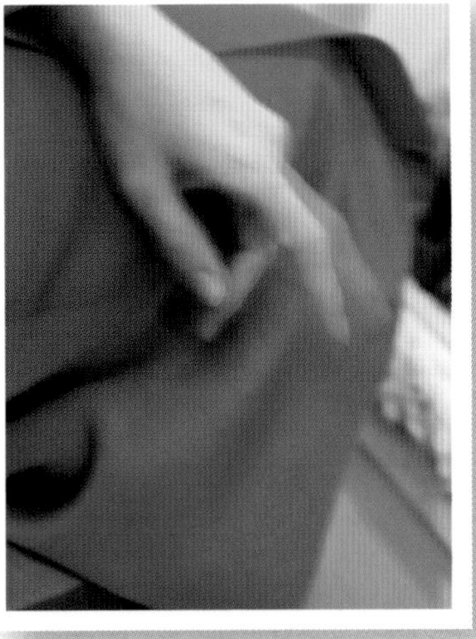

首富的女友

首富交了個舞蹈老師女友，我身邊女性朋友們莫不慘叫連連，大多數是哀號爲什麼有人可以飛上枝頭做鳳凰；更氣的是，爲什麼自己不是那個幸運兒？其中，不乏那位舞蹈老師當年的學姊、妹，更是怨氣沖天地大叫：「想當年，我們還是她羨慕的對象?!」因爲她們結婚較早，那名舞蹈老師當時仍是孤家寡人。所以，言下之意，如果姊姊妹妹們有機會，似乎大家都還蠻想成爲首富的下一任夫人。

在我的節目「大學生了沒」中，二十出頭的花樣少男少女，也在在透露了他們的價值觀：有錢最好！如果沒錢，也要努力打工買個名牌包包；如果有可能，最好嫁入豪門當貴婦。

由此可見，不論是五年級或六、七年級生，大家的拜金人生觀倒是挺一致的。已分不清是誰、是什麼時候、什麼事件，讓這些台灣女性變得如此庸俗膚淺，又如此不快樂？

記得我有一次碰到張曼玉，激動地抓著她纖細的胳臂說：「哇！妳怎麼那麼瘦?!」只見她有點無奈地回了我一句：「怎麼現在女生都只關心這個？」

我啞口無言。是啊，曾幾何時，我也掉進美容廣告的陷阱，覺得身上的一、兩吋肉，是天底下最重要的事？打開報章雜誌，如何美白、瘦大腿、小腹，如何畫個濱崎步妝，如何買限量名牌貨，已成爲現代多數女性的生活重心；過度消費不必要的美容品更造成荷包縮水；看見貴婦們跑趴，每季都拿最新的包包，已成爲她們追尋的夢幻式生活……說眞的，現在女生怎麼都只關心這些？

有沒有人想過，張曼玉私底下的衣著有多簡單？她還常自己剪頭髮，更爲平價年輕人服飾當設計師，她傳達的是，自信不用名牌、快樂不必財富。

而我們的首富，就算富可敵國，有沒有人想過，到了最後，他渴望的還不是一份能陪伴、能相守到老的愛情？要不然，憑他，可買下多少環肥燕瘦、國色天香？

最近的熱門人物第一夫人周美青，便是與這股拜金狂潮相抗衡的超酷代表，期待台灣女性能以她馬首是瞻，走出每個人獨特的自我。

老少配又怎樣

八十二歲娶二十八歲，諾貝爾物理獎得主楊振寧與小他五十六歲的翁帆，譜出黃昏之戀，成了華人世界關注的話題。

不管是出入機場或進入校園上課，楊振寧爲了擺脫大批的媒體，不但動用了大批公安來護航，更使出好萊塢明星換車找替身的調虎離山計才得以脫身。

大家好奇的到底是什麼？

事件的第一天，台灣新聞媒體便找上了新科立委李敖，要他對老少配的性事發表評論；李大師只風趣地說了一句：「有礙長壽。」

除去性事不談，或許大家認爲年齡差異過大而嘖嘖稱奇。

人往往在評論別人時過於簡化，而在看自己時才比較柔軟。

從八卦媒體上，我們可以看到名人的戀情被物質化、數字化——她開什麼車，他卻沒有車；她年收入千萬元，他卻只有數百萬元；他八十二歲了耶，怎麼可以和一個足以當他孫女的年輕女孩相戀、甚至結婚？

好像眞的不可以，但，又沒什麼不可以。

你曾經和同年齡的公司同事話不投機半句多，卻能和菜市場的小販聊心事嗎？你每天回家和家人無言以對，卻能和在飛機上遇見的陌生人聊秘密嗎？妳有能力爲自己買跑車、買鑽戒，卻在愛人端上一杯熱茶時才突然感受到幸福的降臨嗎？

以結婚爲副業的影星伊莉莎白泰勒在她第N度婚姻時，嫁給了一個小她快三十歲的伐木工人；高中就輟學、混戰街頭的前紐約警察局長柯瑞克，竟和紐約出版界女強人茱蒂瑞根有婚外情；看來，愛情超越的不只是年齡，更超越了出身背景、教育程度和種種世俗的價值觀。

愛情，最重要的是，能滿足對方的情緒需求。

只要這個人懂得怎麼愛我、怎麼讓我快樂、怎麼讓我幸福；不用多說，他就能懂；身上的味道、擁抱的力道、親吻的角度、濕度，共同的興趣；關起門來變成獸的樂趣……凡此種種，不才是兩人相愛最關鍵的因素？

許多八卦媒體的記者或編輯，自己不也過著一種兩人經濟、學歷、年齡相差懸殊的愛情生活嗎？

除了分勝負的表格、聳動的標題之外，誰不都憑著感覺在選擇人生，或被人生選擇？

畢竟，我們不是櫥窗裡漂亮的模特兒，我們只是尋求溫暖的血肉之軀。

愛情也有蕭條年代

金融大海嘯、經濟不景氣，全球每個都市化的角落，幾乎無一倖免。

美國截至二〇〇八年十一月止，已倒了近二十家銀行，失業人口總數更高達一千萬人。

台灣中小企業兩年少掉八千多家，周圍的朋友身陷股災、基金災的至少蒸發掉一半以上的投資；台北東區空著的店面比比皆是，信義區豪宅更是紛紛斷頭求售。新聞報導或電視節目充斥著「便宜擂台大挑戰」和「省錢大作戰」的專題，錢越來越小，生活越來越難搞。

這樣的不景氣，也反應在男女關係上。

常去的一家美甲店，以往總要一、兩個月前就預訂，還未必有空；現在，隨時隨地想修個指甲，推個門進去就有一整組人來服務。

老闆娘沒好氣地說：「生意掉了兩、三成。」流失的是哪些客人呢？她回答：「酒店小姐啊，還有被包養的女人啊！」怎麼知道人家是酒店妹或被包養？「嗯，我們都被叫去酒店修指甲啊；包養的那種，就是年紀輕輕開百萬名車、拿名牌包包——大多數都拿H牌那種的。」她還進一步分析，酒店妹喜歡打扮得較野性、較誇張、高調，也喜歡做較花俏的指甲彩繪；而被包養的則走比較低調簡約路線，做指甲也選較素雅的法式指甲或較淡的顏色，穿著打扮多是黑白灰色系，不過，H包是一定少不了的。

那這些女人除了修甲的消費減少，其他方面的改變呢？

老闆娘說，有個小老婆最近把BMW車給撞壞了，撒嬌向金主要一台PORSCHE，但實在因爲不景氣，金主還是只買給她一台BMW，講得老闆娘是又羨又妒又一副恨不是自己被包養的樣子；末了，她倒是下了個註解：「會常來我們這兒修指甲的啊，不是有能力的女人，就是沒能力的女人。」

那麼，值此不景氣的當下，到底女人們是甘願自立自強，還是仰人鼻息被包養？

瞬間，幫我修甲的三個女人都抬頭，異口同聲地說：「當然希望被包養啊！多舒服啊，自己不用工作就有那麼多錢可以花，名牌包耶……」

難怪古人說：「衣食足，然後知榮辱。」更有俗諺：「笑貧不笑娼。」吃不飽，講什麼仁義道德？

怕是再這麼不景氣下去，男人連行房的「性」致都沒有，更遑論包二奶啦、上酒店啦；不過，這或許是男人回到大老婆身邊的最佳契機！所有大老婆們，好好把握吧！

我的朋友出車禍了。她在環東快速道路被一個酒駕的中年男子逆向對撞，車頭整個被撞凹，慘不忍睹的照片還上了報。不過，幸好她沒事，只有胸前因安全帶強力拉扯而留下了一道很長的擦傷。

她描述當時的景象時雖然餘悸猶存，但是談到那名駕駛便氣憤難平，髒話飆不停！她形容對方一路蛇行闖禍，撞了車之後就直躺在車裡賴皮，任憑旁觀者如何敲門謾罵，他就在裡面裝死不出來。後來更精采，當那位肇事者的母親到了警察局，她如泣如訴的長篇埋怨才讓一切真相大白。

原來她的那位逆子已經是第六次酒駕，四十多歲、常常失業，還常對父母暴力相向以致那對父母手上早持有家暴禁制令！這麼混的一個人，也已是中年了，卻每次還是要老母到警局來演一齣哭戲——先是向我朋友大罵這位不孝子，然後再央求可否少賠一點。當然，母親的辛苦大家都能體諒，她說無論怎麼勸，兒子就是愛喝，勸多了自己又怕被打，很是爲難。

其實，在那酒鬼清醒前，我朋友看在他母親的面子上，本想撤銷告訴，但幾天後，那酒鬼在拘留所裡打電話來的一段談話，更讓我朋友下定決心告死他！

酒鬼清醒後突然聽得懂人話，也吐得出象牙了，他姿態頗低，不斷慰問我朋友，還一直譴責自己的不是，只差沒像八點檔一樣自呼巴掌！他的經典台詞提到了：「我一定會聽妳的話戒酒！」

哇！太精采了！父母的話都不聽、警察的話也不理，他居然會聽一個素昧平生被他撞的人說的話？你信嗎？

故事說到這兒，或許你已納悶，這樣的一個意外，和廣大讀者有何相關？我只是想用這個例子來告誡那些在愛情戰場上碰到爛咖還不撤退的呆子。

你不覺得這位肇事者的嘴臉和愛情爛咖很像嗎？

我看過太多說謊成習、劈腿成性、不負責任、不講道義情分的愛情爛咖，對另一半不知施了什麼魔法咒語，居然可以偷拐騙姦淫擄掠對方到予取予求的地步；有的是被打了、被睡了還得捐出全身家當供養對方；有的是到對方家裡做牛做馬被逼墮胎最後娶的還不是她；更有甚者被對方冒用身分爲非作歹，欠一屁股債事小，甚至還得爲對方吃牢飯！

這已經不是一句犯賤能解決的，只是讓人不禁驚嘆已經到了匪夷所思的最高境界了！

一個人爲何可以奴役另一個人？秦始皇時代是因封建時代民智未開加上他有龐大軍隊給他靠，所以他說要挑你腳筋，你也只好暗喊一聲「媽的」然後跪下。

一百年前是因父權當道，女性地位低下，不過是男人的財產之一，所以沒得商量只能忍氣吞聲。

現在，已經是西元二〇〇九年，那些姑息養奸的呆子，怪不得別人不懂珍惜，只能承認自作孽不可活。

該不該原諒？

男人出軌，到底該不該原諒？

大部分男人都堅稱，他們是下半身思考，小頭勝大頭，這點女人們大概略知一二，卻不知慾望可以奴役男人到何種程度。

最近有個朋友，眞是讓我大開眼界。他是個遊戲人間的風流鬼，每天可以在街頭、在夜店、在上班的大樓裡或餐廳，碰見他想要把的妹，有的只睡一晚，有的維持了幾個月；偶爾交個女友，女友若沒同居他便趁空四處獵艷，若已同居，他便趁女友睡著時打給小野花上Motel兩小時，再偷偷返家神不知鬼不覺地鑽入被窩；如果行跡敗露就大不了分手再樂得逍遙，這樣的日子教身邊一堆男性友人都羡慕得口水直流。

原以爲他一定只要正妹，沒想到，他在慾望來襲時，常有令人驚訝的配合。一次去大陸出差，他照例找了按摩妹，沒想到進來了個捏嗓子假溫柔氣音的阿姨。他看了一眼，覺得還算OK，便讓她服務；接下來阿姨出招了，原來她喜歡角色扮演！

「喲，先生肚子大大的，眞像隻可愛的小青蛙！讓姐姐來強暴你這隻小青蛙，呱呱呱！」我的朋友說，接下來的幾十分鐘，這位阿姨不斷地沉醉在她自編自導的樂趣中，而他覺得厭惡到了極點！那麼，爲什麼不選擇離開？有錢的是大爺啊?!他不好意思地乾笑了兩聲：「那阿姨身材還OK啦！而且衣服都脫了，就弄一下吧！」各位女人們，聽到了嗎？這就是下半身思考的男人，就算他多厭煩，還是可以做得下去。

所以男人出軌，到底該不該原諒？答案當然還是否定的，NO!!

蛤？爲什麼？拿泥？Why？既然女人已了解男人的劣根性，爲什麼不能體諒？原因很簡單：

一、姑息會養奸，既然曾經原諒過，爲什麼不再給他一次機會？而且，當男人唬弄說：「我眞的不知道喝醉後發生什麼事情……」請問妳會不會恨妳的婦人之仁？

二、慾望來時，大可以DIY啊！反正男人們用自己的右手（或左手）已經如此純熟又能滿足，爲什麼不懂得權衡輕重？一邊是偷腥嚐鮮讓小頭一吐爲快不過是幾十分鐘的事（別再誇大自己的能力啦！男人們！），另一邊是愛你的女人，甚至還有家人對你的付出、期待和愛，有這麼難選嗎？

三、如果男人們想過、思考過，仍勇往直前，那麼這種男人是自私鬼，有一天，他還是會爲了自己丟下妳，不要也罷！

四、如果男人們想都沒想過，那他根本沒把妳放在眼裡——或是說，他的眼裡，妳和那位阿姨一樣只有降火功能，Oh My God，妳願意嗎？

男人若出軌，就讓他翻車，車毀人亡吧！

妳的人生，妳決定

我的兩個朋友，最近都和她們愛情長跑的男友分手了。一個談了八年，另一個談了十六年。乍聽到這個消息的朋友，莫不驚呼：女人談了這麼久的戀愛卻沒開花結果，浪費了這麼久的青春，下場應該帶著些許淒涼?!

孰不知，這兩段戀情，都是女人甩掉男人，而且都是爲了事業。

讓我們以小八和十六替她們做代號吧。

十六和男人早已論及婚嫁，且兩人也積極地一起看房子覓新房。十六年了，她說，該經歷過的都經歷過，兩人爲對方受過的苦，相互的付出，自然不在話下；但後來，女人在面對男人施予的結婚生子壓力時，不但沒有一般女人驚覺「時候不早了，該生小孩」的反應，反而開始恐懼。她怕男人今朝有酒今朝醉的個性，怕未來房貸、奶粉錢、教育費的壓力；更怕的是，當男人浪漫地握起她的手求婚時，居然都不擔心她在害怕的事。

更重要的是，她在工作上剛獲得一個被重用的機會，前途一片看好；她說，熬了這麼久，終於可以獨當一面，做到自己夢寐以求的case，怎能放棄？她三十五歲了，毅然決然地放開男人的手，過去的十六年，她當成是男人給她的禮物；她說，難過是會的，但想起手上的工作，她便笑著說：「我可以更全心投入了！」看起來，一點也不淒涼。

另一個小八的選擇，一樣也跌破大家的眼鏡。她當年在一家國際公司位居要職，會穿著最新一季的高級訂製服，穿梭在各大趴內與人高舉香檳把酒言歡；最後，在私人聚會裡遇見一個年紀可以當她爸爸的男人，居然瘋狂地拋下一切，飛去泰國和男人穿著短褲和夾腳拖，一起爲男人的事業打拚。我仍然記得她那燦爛的笑容。

她竭盡努力地學習她原本不熟悉的事務，在男人身邊跟進跟出，兩人甚至在當地共築愛巢，還一起養了狗，看起來是那麼地幸福，彷彿故事已到了最後結局。誰知道，八年後，她告訴我，她選擇離開男人。

她說，在工作上，她因爲越做越大，本來幫男人小本經營，卻沒料到，她優異的表現會被金主看上，便投資鉅額讓她去闖去拚。男人的本行變成她的專長，她說，男人越來越不懂分擔她工作上的壓力，兩人見面便是吵，最後甚至分居兩地，於是，她離開了男人。

她已經四十多歲了，雖然也曾有過結婚生子的夢想，雖然也可以選擇小鳥依人賴在男人的臂彎，但她，還是選擇在事業的天空翱翔。

這是多麼需要勇氣的抉擇，但是她們都做到了。她們說，遇到了人生的機會，就要去衝刺。不管什麼女大當嫁，也不管生理時鐘的倒數，至少當她們忙完一天後，能帶著成就感滿足地睡著，第二天起來，又充滿鬥志，多棒?!

妳的人生，應該活在別人的期望裡，或是自己的決定下？

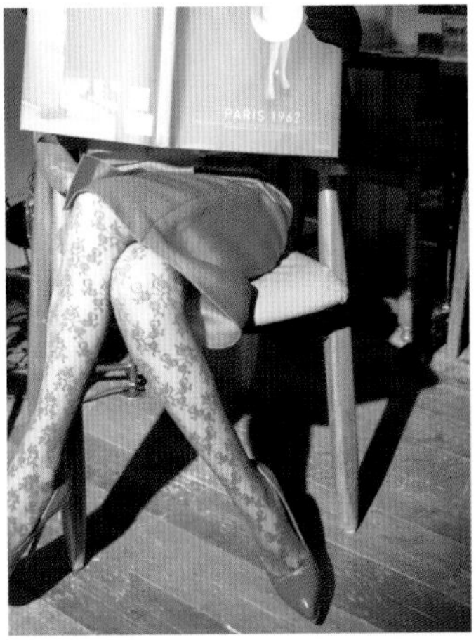
PARIS 1962

The Eeurasian Publishing Group
圓神出版事業機構
用心與你對話・網野無限寬廣
圓神出版社
Eeurasian Press

http://www.booklife.com.tw　　inquiries@mail.eurasian.com.tw

圓神文叢 087

我愛故我在

作　　者／陶晶瑩
發 行 人／簡志忠
出 版 者／圓神出版社有限公司
地　　址／台北市南京東路四段50號6樓之1
電　　話／（02）2579-6600・2579-8800・2570-3939
傳　　真／（02）2579-0338・2577-3220・2570-3636
郵撥帳號／18598712　圓神出版社有限公司
總 編 輯／陳秋月
主　　編／沈蕙婷
專案企畫／賴真真
責任編輯／沈蕙婷
美術編輯／劉語彤
行銷企畫／吳幸芳・陳羽珊
印務統籌／林永潔
監　　印／高榮祥
校　　對／陶晶瑩・林平惠・沈蕙婷
排　　版／杜易蓉
經 銷 商／叩應有限公司
法律顧問／圓神出版事業機構法律顧問　蕭雄淋律師
印　　刷／國碩印前科技公司
2009年12月　初版
2010年 7月　29刷

定價 290 元　　ISBN 978-986-133-309-0

每一本書，都是有靈魂的。

這個靈魂，不但是作者的靈魂，

也是曾經讀過這本書，與它一起生活、一起夢想的人留下來的靈魂。

——《風之影》

國家圖書館出版品預行編目資料

我愛故我在 / 陶晶瑩 著. -- 初版. -- 臺北市：
圓神，2009.12
232面 ；16.5×21公分. --（圓神文叢；87）

ISBN：978-986-133-309-0（平裝）

855　　98019532